AF166980

Klaus P. Fischer

ERLÖSE UNS VON DEM BÖSEN !

Impressum:

Erlöse uns von dem Bösen !
von Klaus P. Fischer

Herausgeber: Hans-Jürgen Sträter, Adlerbuch

Herstellung und Verlag: BoD - Books on Demand, Norderstedt

ISBN: 9783734702747

Erweiterte 2. Auflage vom Mai 2024

Alle Rechte vorbehalten

Hier weitere Bücher, die von Hans-Jürgen Sträter herausgegeben wurden:

VORWORT

Die nachfolgende Untersuchung gilt einem Thema, das aktuell nicht nur die Kirchen, sondern auch weltliche Institutionen und Organisationen der zivilisierten Welt betrifft. Die Analysen und Überlegungen könnten ergänzt werden durch einschlägige Untersuchungen seitens empirischer Wissenschaften. Die hier gegebene Darstellung könnte dafür eine Starthilfe sein. Sie wurde erstmals vor etwa zehn Jahren entwickelt und sowohl als Universitätsvorlesung wie auch als Vorlage für theologische Erwachsenenbildung verwendet, was den unverkennbaren Vortragsstil erklärt. Das Schlusskapitel "Führe uns nicht in Versuchung!" gibt einen kurzen Rückblick zusammen mit einem Ausblick auf den Kerninhalt biblischen Glaubens.

Auch in den Bibelsprachen wenig Versierte können den Darlegungen ohne weiteres folgen.

Heidelberg im Mai 2024   Klaus P. Fischer

FSC
www.fsc.org

MIX

Papier aus ver-
antwortungsvollen
Quellen
Paper from
responsible sources

FSC® C105338

INHALT

5

„Vom Übel" oder *„vom Bösen"*? *Sprachliche Beobachtungen*

Ältere Christen haben die letzte Bitte des Vaterunser noch in der Formulierung gelernt: „Erlöse uns von dem Übel!".
In Zusammenhang mit der konziliaren Liturgiereform wurde diese Bitte in Deutschland - interkonfessionell - abgeändert in: „Erlöse uns von dem Bösen!" Aus den vorkonziliar lateinischen Messfeiern haben Katholiken es noch im Ohr: *„sed libera nos a malo!"* [1]
Nachdenkliche Gläubige deutscher Sprache fragen sich: Was nun? Ein Übel ist etwas anderes als das Böse!

Wohlgemerkt: der alte lateinische Wortlaut ist nicht geändert. Der blieb, wie er war: „a malo".
Mehr noch: die anderen europäischen Sprachgruppen blieben ebenso bei der herkömmlichen Übersetzung: „délivre nous du mal" (frz); „liberaci dal male! (ital); „libranos dal mal" (span). Auch im Englischen hat sich nichts geändert: „deliver us from evil!".
„Le mal", „el mal", „il male" tragen beide Bedeutungen: *Übel* und *Böses*. So auch das Englische: „evil" bedeutet sowohl „Übel" wie „Böses". Heißt: die anderen Sprachen haben nur *ein* Wort für *zwei* Bedeutungen. Schon aus sprachlichen Gründen konnte daher in den außerdeutschen westlichen Kirchen nichts geändert werden. Nur das Deutsche hat für "malum" oder "evil" zwei Namen für zwei unterschiedliche Sachen: das Übel, das Böse. Nach den Wörterbüchern ist in den anderen Sprachen – angefangen vom Latein über die romanischen Sprachen bis zum Englischen – „Übel" die *Erst*bedeutung, „das Böse" die *Zweit*bedeutung. Das englische „evil" weist wie das deutsche "Übel" zurück auf die germanische Wurzel „ubil" (ahd) („ubils got.).[2]
Anzumerken ist: Die Zweitbedeutung „das Böse" hat in den genannten Sprachen durch das *Christentum* Vorrang bekommen.

---

[1]   *malum* ist etymologisch verwandt mit sch*mal* i.S. v. *klein, gering*
[2]   Ursprüngl. Bedeutung wohl „über", „über das Maß hinaus". Vgl. „Übelkeit" = Neigung zum Erbrechen. Vgl. Lat. *op*us, *op*era = Mühe, Arbeit. Vgl. *Duden*-Ausgaben!

Im klassischen, dh vorchristlichen Latein (Basis der romanischen Sprachen) bedeutet „malum" einfach *Fehler, Gebrechen, Leid, Unheil.*

Nur die deutschsprachigen Christen mussten also umlernen, mussten statt „vom Übel" sagen lernen „vom Bösen". Nun könnte jemand finden, das sei nicht so wichtig. Man brauche sich nichts groß Verschiedenes dabei zu denken. Die Umgangssprache verwende ja auch „böse" oft für „schlecht", „übel": „Das wird *bös'* enden!" –

„Wenn man an nichts *Böses* denkt, passiert ein Unglück". Umgangssprachlich also ist „böse"[3] oft gleichbedeutend mit „übel", „schlimm".

Dennoch: wären die beiden Ausdrücke „Übel" und „Böses" im Deutschen einfach gleichwertig, hätte man den Wortlaut der letzten Vaterunser-Bitte nicht geändert. Änderung des Wortlauts verrät also andere Be-*Deutung*: das bloße „Übel" sei zu wenig; genauer sei „das Böse": also das *sittlich oder ethisch Schlechte.*

Der Katholische Welt-Katechismus (von 1993) sagt, das ethisch Schlechte, das Böse erhalte seine Bedeutung erst im Licht des Glaubens (Nr.385). Das *Böse* sei das *scharfe Contra gegen Gott,* gegen Seine Liebe, gegen Seine Gerechtigkeit, gegen Sein Evangelium.

---

[3] „Böse" kommt von ahd *bōsi* = nichtig, wertlos, schlecht, urspr. wohl „aufgeblasen, geschwollen" (vgl. Bausch, Busen, Pausback, pusten)

Erfahrung und Be-Denken des „malum" bei Augustinus

Für diese Auslegung verweist der Katechismus erklärend auf *Augustinus*. Dieser gesteht in seinen „Bekenntnissen", er habe lange vergeblich nach dem Ursprung des Übels („*unde malum*") gesucht. Als er sein früheres Leben Revue passieren ließ, habe er entdeckt, dass sein stolzes Ich gegen Gott aufgestanden sei, mit der Folge, dass die Dinge des Welt-Raumes, die körperlichen Dinge, Oberhand über ihn gewonnen hätten (Conf. VII,11).[4]

Nun kann der Mensch, der sich von Gott abwandte, sich ja bekehren und Gottes Gnade, Vergebung empfangen. Doch damit allein wird er jene irdischen Dinge, denen er Herrschaft über sich eingeräumt hatte, nicht schon los. Vielmehr behalten sie verlockende Macht über ihn, reizen seine „Begierlichkeit" (*Konkupiszenz*).

Gemeint ist (in Begriffen jüdischer Theologen) der „böse Trieb" im Gegensatz zum „guten Trieb".[5] „Wer seinem „bösen Trieb" folgt, gleicht einem Götzendiener (so der *Talmud* [Nedarim 9,1]).

Das aber hat schlimme Folgen: die Verlockungskraft der irdischen Kräfte über den Menschen ist zerstörerisch, zieht ihn hinein in Katastrophen, Leid, Krankheit, Tod.

Zwar hat der sündige Mensch von den irdischen Mächten zunächst – vergänglichen – Gewinn, aber auch Verlust. Darum erläutert *Augustinus*: „In doppelter Weise wird der Name ´Übel` (*malum*) verwendet: für das, was der Mensch tut, und für das, was er erleidet; das eine ist die Sünde (*peccatum*), das andere die Sündenstrafe (*poena peccati*) [Contra Adimantum 26].

Thomas von Aquin teilt diese Sicht: „Im menschlichen Bereich wird ´malum` eingeteilt in Schuld und Strafe" (De malo q.1, a.4).

In seinem 1. Jesus-Buch legt *Joseph Ratzinger* (der frühere Papst

---

4   Auf Basis der von Augustinus entwickelten Idee von der „Erbsünde" geht der (ref.) *Heidelberger Katechismus* noch weiter u. lehrt: „Ich bin von Natur geneigt, Gott u. meinen Nächsten zu hassen" (5. Frage – Antwort). Ähnlich das II. Vat. Konzil: „der mit Neigung zum Bösen geborene Mensch" (Die Kirche i. d. Welt Nr. 25). Ähnlich *Kant*: s.u.

5   יֵצֶר הָרַע / יֵצֶר הַטּוֹב [von יצר = bilden]

9

Benedikt XVI), augustinisch gebildet, auch das Vaterunser aus. Zur letzten Bitte „Erlöse uns von dem Bösen" erklärt er: Christen hätten daran mitzuwirken, „dass die Übermacht der ´Übel` gebrochen wird". Doch müsse deren *Zusammenhang* „mit dem Bösen vor Augen bleiben". Wesentlich meine die letzte Vaterunser-Bitte, „dass wir von Sünden befreit werden", ja „*das Böse* als *das eigentliche Übel* erkennen" (S.203).

Ratzingers Sicht bewegt sich zunächst auf der Erfahrungs- und Denkebene der Bibel.

Die Frommen des Ersten Bundes wenden sich betend an Gott:

Herr, strafe mich nicht in deinem Zorn
und züchtige mich nicht in deinem Grimm!
Sei mir gnädig, Herr, ich sieche dahin,
heile mich, Herr, denn meine Glieder zerfallen!
Herr, wende dich mir zu und errette (!) mich ...
Denn bei den Toten denkt niemand mehr an dich.
Wer wird dich in der Unterwelt noch preisen? (Ps 6,2-3.5-6)

Ich bin verstummt, ich tue den Mund nicht mehr auf.
Denn so hast du es gefügt.
Nimm deine Plage weg von mir!
Unter der Wucht deiner Hand vergehe ich.
Du strafst und züchtigst den Mann wegen seiner Schuld,
zerstörst seine Anmut wie Motten das Kleid ...
Wende dein strafendes Auge ab von mir,
so dass ich heiter blicken kann,
bevor ich dahinfahre und nicht mehr da bin. (Ps 39,10-12.14)

Wie man sieht, nimmt der alttestamentliche Beter an, seine Probleme und Leiden seien von Gott gefügt und entsprächen seiner Versündigung und Schuld.

Erst das zeitlich später verfasste Buch *Hiob* bringt hier Fragezeichen an.

Augustinus aber bezog sich vor allem auf die Psalmen, verfasste auch erklärende Kommentare dazu (*Enarrationes in psalmos*).

Hier zeigt sich eine Erklärung für die Umformulierung der letzten Vaterunser-Bitte im Deutschen: traditionelle, auf *Augustinus* fußende Theologie griff in den früheren deutschen Wortlaut ein. Die Gläubigen sollten beim Sprechen der Bitte weniger an physische Übel (Unglück, Leid, Krankheit, Tod) denken als an das moralische Übel: das Böse, Widergöttliche der Sünde!

Die kirchliche Glaubenslehre erklärt das „Übel" - die irdischen Beschwernisse und Lebenslasten - traditionell als Sündenstrafe (Gott, weil gerecht, lässt, wie er die Sünde zulässt, auch die Sünden-Folgen = Leid-Erfahrungen zu [nach dem Erzieher-Motto „Wer nicht hören will, muss fühlen!"]; solche warnen ja auch vor künftiger Sünde, erproben den Glauben, stärken die Geduld.

Die Logik dieser Weltsicht lässt sich nicht leicht bestreiten. Aus ihrer Sicht *darf* die letzte Vaterunser-Bitte gar *nicht* lauten „Erlöse uns vom Übel" – Übel, Leiderfahrungen sind ja entweder gerecht oder heilsam oder glaubenspädagogisch nötig. Vielmehr sollen Beter Befreiung von der Bosheit erbitten, die in ihnen, überhaupt in Menschen steckt und ständig *Sünden* gegen Gott erzeugt – deren *Folgen* die vielen Übel sind ...

Immerhin ist beachtenswert – darauf weist auch Papst Benedikt hin[6] – , dass in der Mess-Liturgie der Priester die letzte Vaterunser-Bitte aufnimmt mit den Worten „Erlöse uns, Herr, barmherziger Vater, von allem Bösen ..." So die offizielle Übersetzung. Allerdings lautet die lateinische Formulierung „Libera nos ... *ab omnibus malis*".

Im Unterschied zur letzten Vaterunser-Bitte spricht der lateinische Wortlaut des Anschluss-Gebets im Plural „a malis". Der Schriftsteller *Ratzinger* übersetzt hier *nicht* das Böse oder die Bösen, auch *nicht* ʼvon allen Sündenʻ, sondern übersetzt *die Übel,* zumal das Priestergebet die Befreiung von *Sünde* ja noch *extra* thematisiert („ut ... a peccato simus semper liberi") und um die Bitte ergänzt „et ab omni perturbatione securi", „dass wir vor jeder Verwirrung (Verstörung, Erschütterung) sicher seien", was sich wieder auf die „mala" (die Übel) bezieht, deren Lasten und Schmerzen Glaube und Sittlichkeit gefährden.

---

[6] Jesus von Nazareth I (Freiburg-Basel-Wien ²2007). 202f

Der *Katechismus der Kath. Kirche* befürwortet die augustinische Sicht auf Gott, Menschen und Welt als korrekt und katholisch.

Allerdings ist der lateinische Wortlaut "a malo" (Vaterunser) und "a malis" (Priester-Oration) offen für eine Übersetzungsvariante: in dem lateinischen "a malo" beziehungsweise "a malis" kann sich anstelle des Neutrums auch ein Maskulinum verbergen: ein oder der "malus": der Böse, Bös-Täter, Übeltuende in Einzahl und Mehrzahl! Der Wortlaut "von dem Bösen" lässt die maskuline oder neutrale Bedeutung offen.

Die *Sünde* wird im Priestergebet eigens benannt: "damit wir von Sünde (peccatum) frei und vor jeder Verwirrung geschützt" seien. *A malis* meint entweder ´von Bösen` oder ´von Übeltätern` oder ´von Übeln`.

Für eine alternative Deutung könnte *Pascal* einstehen mit seinem pointierten Urteil über das "Ich". Er nennt das Ich "haïssable", hassenswert, weil es "ungerecht" (injuste) ist, insofern es sich zum "Mittelpunkt" (centre) macht, alle beherrschen will und so der "Tyrann" von allen anderen wird.[7] Das von *Pascal* "hassenswert" benannte Ich hat insoweit die Qualität eines "malus" oder "malum".

---

[7] *Blaise Pascal,* Pensées / Gedanken, Nr. 455

Rekurs auf den originalen – griechischen – Wortlaut der Vaterunser-Bitte

Ehe wir weitergehen, wäre eine Auslassung zu beachten.

Wir haben das Wie und Warum der deutsch-sprachigen Veränderung der letzten Vaterunser-Bitte von „Übel" zu „Böses" kennengelernt, auch verstanden, warum in anderen europäischen Sprachen der Wortlaut unverändert blieb: *malus/malum, mal, male.*

Aber im NT finden wir das Vaterunser ja im *griechischen* Wortlaut (der vorhin genannte lateinische Wortlaut ist bloß Übersetzung). Welcher Ausdruck bildet denn im Griechischen den Gebetsschluss: *Übel* oder *Böses/Böser* ?

Erinnern wir uns: es gibt zwei Fassungen des Vaterunser-Gebetes, eine längere, die uns vertraute; sie steht Mt 6,9-15; und eine kürzere in Lk 11,1-4. [8]

Die uns geläufige letzte Vaterunser-Bitte „Befreie uns vom Übel/Bösen!" steht *nur* bei Mt - die Lk-Fassung kennt sie nicht. Die Langfassung von *Mt* wurde von der frühen Kirche direkt als Gebetsvorlage übernommen; sie findet sich *wortgleich* in der *Didache* 8,2 (Zwölf-Apostel-Lehre, 1./2. Jahrhundert), mit der Aufforderung, Christen sollten dieses Gebet dreimal am Tage beten (v 3).

Wie aber lautet griechisch-neutestamentlich der Wortlaut „a malo": „vom Übel" *oder* „vom Bösen"?

Das griechische Original liest „ἀπὸ τοῦ πονηροῦ"; im ganzen Wortlaut: ἀλλὰ ῥῦσαι ἡμᾶς ἀπὸ τοῦ πονηροῦ. Das entscheidende Wort ist also πονηρός, πονηρόν – *ponærós (masc.), ponærón (neutr).*

Der Ursinn dieses griechischen Wortes ist „schlimm, mühselig, schadhaft, schlecht", in *Sekundärbedeutung* auch *moralisch* schlecht, boshaft, böse. Das zugehörige Hauptwort ist πόνος (pónos), es meint mühsame, erschöpfende Arbeit, Mühsal, Drangsal, Elend [9].

---

[8] Traditionsgeschichtliche Erwägung vermutet generell, die kürzere Parallel-Fassung eines Textes sei die ältere, ursprüngliche (die spätere ist angereichert oder ausgebaut).

[9] Vgl. *F. Passow*, Wörterbuch der griechischen Sprache, Leipzig 1831

Die Grundbedeutung von πονηρός wird deutlich in Jesu bildhaftem Vergleich aus der Q-Überlieferung: "Die Lichtquelle (ὁ λύχνος) des Leibes ist das Auge: wenn dein Auge - dein Blick - hell/offen ist ..., wenn dein Auge *schlecht/krank* ist (ὀφθαλμὸς πονηρός) ist, ist der ganze Leib finster". (Mt 6, 23 / Lk 11,34). Vorausgeht das Wort "Wo dein Schatz ist, ist auch dein Herz" (Mt 6,21 Par Lk 12, 34). Im Blick öffnet sich das Herz und sein Streben.

Anschließend folgt: "Niemand kann zwei Herren dienen" - versucht er`s dennoch, wird sein Blick schwankend, unstet sein. Ein verschleierter Blick kann in seinem Grund böse sein, zeigt aber zunächst eine *Belastung*: dafür steht griechisch πονηρός, belastet - so die Grundbedeutung.

Auch wenn man sagen will „ich sehe *schlecht*", „habe *schlechte* Augen", steht dafür das griechische Adjektiv πονηρός , das ist der Grundsinn.

Aber „schlechte Augen" sind *nicht* dasselbe wie „böse" Augen ...

Für das Wort *böse* stehen im Griechischen in der Regel (!) Beiwörter wie κακός, dann φαῦλος zur Verfügung, deren Grundbedeutung jeweils *schlecht, schwach,untüchtig* ist.

Matthäus ist allerdings jener Evangelist, der das Wort πονηρός meistens anstelle von κακός anwendet.

Eine Nachbildung der letzten Vaterunser-Bitte finden wir 2Tim 4,18: „Der Herr soll mich von allem schlechten/ bösen Werk befreien" (ἀπὸ παντὸς ἔργου πονηροῦ).

Nachbildend ist auch ein *Didache*-Gebet an den Herrn: er möge ῥύσασθαι αὐτὴν (die Kirche) ἀπὸ παντὸς πονηροῦ = sie befreien von allem Übel/Bösen und vollenden in deiner Liebe (10,5).

Die Mehrheit der Gelehrten hält das letzte Wort des Vaterunser für ein Neutrum (wegen der zitierten Parallelstellen).[10]

Allerdings gibt es ein synoptisches Gleichnis – jenes vom Sämann, der auf einem Acker aus seinem Gewandbausch Saatgut auswirft –

---

[10] Nach *U. Luz*, Matthäus-Kommentar., lesen die Reformierten mit vielen griechischen Vätern ein Maskulinum: der Üble/Böse. Doch sei eine solche Satansbezeichnung im Judentum *nicht* belegt.

mit unterschiedlichem Erfolg. Als Jesus es den Jüngern ausdeutet, sagt er von denen, die das Wort Gottes (für das der Same steht) nur oberflächlich hören, ihnen nehme „der Schlechte/der Böse" (ὁ πονηρός) es weg (Mt 13,19); an den Parallelstellen bei Mk (4,15) und Lk (8,12) heißt es stattdessen Satan/ὁ σατανᾶς (Mk) bzw der Teufel/ὁ διάβολος (Lk). Rein grammatikalisch kann also das ἀπὸ τοῦ πονηροῦ der griechischen Fassung, wie in der deutschen „vom Bösen", auch maskulin-personal verstanden werden.

Natürlich hat man auch versucht, für den griechischen Ausdruck das hebräische Äquivalent zu bestimmen: *min ha ra'* מִן־הָרָע. Auch hier ist der Befund wie gehabt: *ra'* bedeutet primär Übel, Unglück, Unheil, sekundär Böses. Auch aus Hebräisch kann übersetzt werden „das Üble/Böse" oder „der Schlechte/Böse". Die Grammatik lässt es offen.

Wir haben daher beide Übersetzungen zu bedenken ...

In allen von uns betrachteten Sprachen besagt der Ausdruck πονηρόν *ponærón* bzw *malum* (lat., ähnlich in romanischen Sprachen) zuerst Fehler; Gebrechen; Übel; Leid; Unglück, Unheil, in nachgeordneter Bedeutung besagt es auch „Böses". *Malus: schlecht; hässlich; untüchtig; schädlich/ verderblich; unwohl/krank; unglücklich; böse.*

Untersucht man das meist weite Bedeutungsfeld von Worten (auch zB von „gut"), macht die allgemeine Bedeutung auch den Spezialfall verständlich – *schlecht* enthält auch *böse* –, aber nicht umgekehrt: aus einem Teil-Sinn (wie „böse", Bosheit) lässt sich nicht der Grund-Sinn (schlecht), auch nicht die Vielfalt der Bedeutungen ableiten.

Anders gesagt: *die Grundbedeutung eines Wortes fundiert auch eine besondere Bedeutung, nicht aber fundiert eine Sonderbedeutung den Grundsinn.*

Nach dem *collegium logicum*, wie es Mephisto dem Schüler (in Goethes „Faust") anrät, ist „böse" ein partikuläres Element des Universalbegriffs „schlecht, übel". Die Bedeutung „übel" oder „schlecht" enthält als Teil-Element auch „böse", nicht aber enthält der Aspekt „böse" (sensu stricto) den Umfang (die *Extension*) von „übel, schlecht".

Das ist keine Spielerei, auch nicht bloß ein logisches Problem. Die Menschen empfinden in ihrer natürlichen Logik: ein physisches Übel

15

– zB Unfall, schwere Krankheit – kann nicht *zugleich* „böse" sein oder in Bosheit *wurzeln*.

Augustins Lösung – das „Übel" (*malum*) sei zum einen die Sünde, zum anderen die Sünden-Strafe – enthält auch einen Verstoß gegen die Logik. Sie reduziert die Bedeutung von *malum = schlecht, schlimm, elend, katastrophal* auf <u>böse</u> und will dann die allgemeine Bedeutung von *malum: Übel, Leid, Tod* aus der Sonderbedeutung ableiten. Diese Unlogik ist freilich deshalb nicht erledigt, weil sie auf *archaischen Wurzeln der Religion* fußt (s.o. zB Ps 6). Denn logisch gesehen, wollen *Augustin* und seine Schüler das *universale* „malum" (Leid/Unglück) vom *particulare* (*specificum* „böse") her begründen.[11] Kein Wunder also, dass nachdenkliche Christen bei dieser Deutung von jeher ein Unbehagen empfinden: „stimmt da etwas nicht?"

Der berühmte englische Theologe *John Henry Newman* hat im 19. Jahrhundert die archaische Spur der Religion untersucht. Die Erfahrung des *Tiefen-Gewissens* lasse Menschen überall zuerst dem strengen, ernsten Aspekt der Religion begegnen: der Störung der Gottesbeziehung, der Entfremdung zwischen Gott und Mensch. Das Gefühl, als Mensch in einem Grund-Zustand von Schuld zu leben, gehöre zu den Grundlagen von Religion. Die Stimme des Gewissens sage dem Menschen: Verfehlungen, die weite Kreise ziehen und viele schädigen, können nicht mit der Reue der Person, die sich verfehlte, abgetan sein: es gebe Verfehlungen, die ihre Urheber förmlich aus-leiden müssen, aus-leiden durch bittere Lebenserfahrungen.

So etwa geschah es einer Frau, die sich wenige Jahre nach Geburt des Sohnes von Mann und Kind getrennt hatte. Geraume Zeit später starb ihr Mann. Als ihr Sohn den Ausbruch der Mutter aus der Familie bei der Bestattung offen benannte, brach diese in Tränen aus und ließ sich von Bekannten wegführen: das Unumkehrbare, Unwiederbringliche, schlicht Endgültige wurde ihr zur Pein.

---

[11] Das Wort "übel" oder "schlecht" enthält als Teil-Element auch "böse", nicht aber enthält der Aspekt "böse" den Umfang (die *Extension*) von "übel, schlecht".

16

Newman sah aber klar, dass der in der Menschheit lebendige ´Schuld-komplex` allein „that maze of vast complicated disorder" der Welt nicht erklären kann.[12]

Hier weitet das NT den Blick wesentlich. Es zeigt: Jesus mit seinem ganzen Auftreten, das ihn nicht zufällig mit den Traditionalisten in Konflikt bringt, sprengt die herkömmliche Engführung der Gott-Mensch-Beziehung und verdeutlicht in seinen Taten – Heilung, Sündenvergebung, Reich-Gottes-Gleichnisse –, dass Gott sich nicht an die Enge menschlichen Denkens – Schuld-Schicksal-Schema – bindet, sondern in grundloser, überholender, erlösender Liebe den seelisch wie körperlich leidenden Menschen wie ein Vater entgegen-eilt: „Barmherzigkeit will ich, nicht Opfer" ist Gottes Selbst-bekundung (Hos 6,6; Mt 9,13; 12,7; Lk 19,10).

Um weiterzukommen, ignorieren wir zunächst die Einengung des „libera nos a *malo*" auf Befreiung vom Bösen, Gottwidrigen und beachten die frühere, allgemeine oder Grundbedeutung „Übel".

Denken wir an jene gläubige Christen, die über Jahrhunderte das Unverstandene oder Unverständliche als Glaubensprobe aushielten und sich für das Evangelium selbstlos einsetzten. In Menschen des 20. und 21. Jahrhunderts aber weckt unverständlicher Glaube nachhaltig Unbehagen: Ist ihr Nicht-Verstehen Unglaube oder leiden sie an einer Unklarheit der kirchlichen Glaubenslehre?

---

[12] Vgl. dazu *Fischer*, Schicksal in Theologie u. Philosophie (Darmstadt 2008), 244-249

Einwände gegen die traditionelle Auffassung

Ein junger Seelsorger besuchte einen entfernten Onkel, einen tief-frommen, treuen Katholiken. Eintretend erfuhr er: der Onkel litt an Magenkrebs im Endstadium. Fast zum Skelett abgemagert, lag er wach auf dem Bett, in Erwartung des nahen Todes. Mit der Begrü-ßung gestand er die Bilanz seiner Leidenszeit: „Weißt du, Krebs ist eine Krankheit *gegen* den Glauben!"
Schmerz und Schwäche machten ihm den Glauben schwer.
Jahre später konfrontierte der Seelsorger einen Theologie-Professor nach dessen Vortrag über Glauben mit diesem Zitat des sterbenden Onkels. Dessen energische Erwiderung: „Das stimmt nicht! Der Apostel Paulus sagt das Gegenteil!"[13] Er distanzierte sich von der Erfahrung des Kranken mit Berufung auf die Bibel!
Fromme Schwerkranke sagen dem Seelsorger oft ins Gesicht: „Ich habe mein Lebtag keine Todsünde begangen, war sonntags in der Kirche, habe die Sakramente empfangen, bin mit allen gut ausgekommen! Warum lässt mich der Herrgott so leiden?!" Und: „Ich kann die Vaterunser-Bitte ´Dein Wille geschehe!` nicht mehr beten, ich verstehe den Herrgott nicht!"
Es wäre kontraproduktiv, die Angaben der schwerkranken Person nach Art der Freunde Hiobs zu bezweifeln, dem Schwerkranken zuzureden, ja auch bloß zu denken: ´Du musst dich täuschen! Dein Gedächtnis trügt dich! Du musst schwer gesündigt haben, sonst müsstest du nicht so leiden!`
Bekanntlich wehrt sich Hiob gegen diese Einreden und besteht darauf, dass sein Verhalten kein so großes Unglück verdient haben könne.
Das Hiob-Thema schwelt weiter und hindert viele Menschen, ihr Schicksal mit dem liebenden und gerechten Gott des Katechismus zusammen**zu**bringen.

---

[13] Er spielte an auf das Wort „Meine Gnade genügt dir, denn ihre Kraft vollendet sich in der Schwachheit" (2Kor 12,9), vergaß aber, dass der Apostel Paulus damit seine persönliche Glaubensreifung ausdrücken will, nicht aber einen geistlichen Automatismus.

Die massive Anfrage *Georg Büchners* in „Dantons Tod", dem Akteur Payne in den Mund gelegt –

Warum leide ich? Das ist der Fels des Atheismus. Das leiseste Zucken des Schmerzes, und rege es sich nur in einem Atom, macht einen Riss in der Schöpfung von oben bis unten – , gibt bis heute zu denken, zumal in Zeiten von Katastrophen.

Das verheerende Erdbeben von Haiti in 2009 raubte einer alleinerziehenden Mutter Wohnung, Kinder und Arbeitsstelle. Die Aufnahme, die sie, eine Art Schiffbrüchige, in einer solidarischen Gemeinschaft in Europa fand, half ihre gegen die Verzweiflung zu einem neuem Start. Man könnte sagen: Die Bitte „Erlöse uns vom Übel!" (Délivre-nous du mal!") wurde erhört. Das Buch Hiob weiß: große Übel, schwere Schicksale können Gott verdunkeln (was *Satan* bei Hiob erreichen will).

Auch Jesus weiß das. Seine in den Evangelien dokumentierten *Heilungen* von Schwerkranken und Schwerbehinderten, auch die Brotvermehrungen bezeugen *zunächst* Gottes Zuwendung zu Menschen, die von gefürchteten *Übeln* gequält werden, solchen, die den Glauben an Gott belasten.

Eine Katastrophen-Meldung wie die vom Einsturz des Turms von Schiloach oder den Anblick eines Blindgeborenen nützt Jesus gar, um das archaisch enge, strenge Gottesbild auch der Jünger zu läutern und demonstrativ klarzumachen: die Beseitigung von Übeln wie auch die Überwindung depressiver Resignation vor den Härten und Übeln der Welt gehört wesentlich zur *Froh*botschaft Jesu: sie enthüllt einen Gott, dem die Menschen in allen Formen von Leid und Mühsal Herzensanliegen sind. Die Bitte „Erlöse uns vom Übel" ist somit eine, die ganz in Jesu Intention liegt.

Was meint „Versuchung"?

Um dies weiter zu klären, fassen wir nun den ganzen Schluss des Vaterunser ins Auge.

Zunächst: „erlöse uns" (griechisch „ ῥῦσαι ἡμᾶς")!

Der griechische Wortlaut ist aoristischer Imperativ von ῥύεσθαι: „an sich ziehen, herausreißen, erretten". Das hebräische Äquivalent ist חַלְּצֵנוּ (Piel), von חלץ, deutsch „herausreißen, entreißen, erretten".

Die Übersetzung „erlöse uns" ist biblisch nur recht verstanden als „losmachen" aus Fesselung, aus *akuter* Gefangenschaft, „erlöst" werden in diesem Sinn.[14]

Eingeleitet ist der Halbvers mit „sondern" – Antithese zu „führe uns nicht in Versuchung"! (*Ne nos inducas in tentationem* - μὴ εἰσενέγκῃς εἰς πειρασμόν).

Es geht um den *rechten Sinn*. Bedenkt man den Wortlaut, ist es für die meisten Gläubigen unvorstellbar, dass *Gott* sie in Versuchung führe, so dass sie extra darum bitten müssten, dass er es nicht tue, sie also *nicht* in Versuchung führe.

Das Unbehagen rührt daher, dass der Begriff Versuchung unwillkürlich negativ klingt: werde ich versucht, komme ich ins Rutschen; ehe ich mich versehe, habe ich Unrecht getan, gesündigt, muss Buße tun, um die Sünde loszuwerden. Wie aber soll ich Buße tun, wenn *Gott* mich versucht hat ...?

So versteht man Versuchung schon als *Verführung*, was aber den biblischen Sinn verfehlt.

Als Kinder wurden wir angehalten, alle 4 Wochen zu beichten. Aber uns Kindern erschien die Zeit zu kurz: zu wenig Gelegenheit, eine Sünde zu begehen. Was soll ich denn auf den Beichtzettel schreiben? Bis einer auf die Idee kam, aus dem Geldbeutel der Mutter 1 Mark zu klauen. Dann hat er eine Sünde *und* noch dazu 1 Mark ...! Und: man könnte die Mark tags darauf wieder heimlich in den Geldbeutel tun ... Aber man hatte eine Sünde fürs Beichten . So wurde das kurze *Beichtintervall* zur Versuchung. Wie "das Gesetz" für *Paulus*, so wurde der Buß-Legalismus zur *Verführung*.

Denken wir an die Erzählung von den sogenannten 3 Versuchungen Jesu. Durch sie wird klar: eine *Versuchung ist in der Bibel eine*

---

[14]   *Nicht gemeint* ist hier „Loskauf" [פדה] – er gehört in eine *andere Szene*

Prüfung oder Erprobung (מַסָּה, πειρασμός).

Die Bibel spricht unbefangen davon, dass *Gott* jemanden versucht, *nämlich* prüft, erprobt. Mt erzählt eindeutig: „Da wurde Jesus vom Geist (*pneuma*) in die Wüste hinaufgeführt, *um* vom Teufel versucht zu werden (πειρασθῆναι – Mt 4,1).

Mk lautet entsprechend: Es trieb ihn *der Geist* (*pneuma*) hinaus in die Wüste; dort war er 40 Tage und wurde versucht vom Satan (1,12f). Lk 4,1f formuliert ähnlich.

Zwar legen die Evangelisten mit dem späten AT (vgl. Hiob) Wert darauf, dass der Teufel versucht, nicht Gott selbst. Doch wie bei Hiob ist der Teufel hier Gottes Werkzeug, steht in seinem Dienst. Das verdeutlichen die drei Evangelisten, wo sie betonen, dass *Gottes Geist* Jesus in die Wüste – also in das Feld der Versuchung – *trieb* (am klarsten Mt).

Damit, dass Gott in die Versuchung, d.h. in die Prüfung führt, haben die frühen Bücher des AT kein Problem. So heißt es kurz: Gott versuchte, dh prüfte, erprobte (ἐπείρασεν, hebr נסה [Piel]) den *Abraham* und sagte: Nimm deinen geliebten Sohn und bring ihn auf dem Berg Morija als Brandopfer dar! (Gen 22,1f). Entsprechend die Rede, dass Gott das wandernde Volk prüfte (Ex 16,4; 20,20; Dtn 8,2.16 usw). Das Volk soll erkennen, dass Gott es *erzieht* wie ein Vater seinen Sohn (Dtn 8,5f).

Auch in Gen 3 ist *nicht* die Rede von versuchen, erproben. Wenn Eva der Schlange die Schuld gibt, diese habe sie „verlockt" (so *Buber*) oder „verführt" (EÜ), muss man sich vergewissern, was im Original steht.

Eva sagt: הַנָּחָשׁ הִשִּׁיאַנִי (ὁ ὄφις ἠπάτησέν με LXX). נשא Pi heißt *täuschen, blenden,* das griechische ἀπατᾶν ist parallel (ἄτη ist die Blenderin, Verblendung). „Die Schlange betrog mich" (LÜ) ist also bessere Wiedergabe. Zwar hängt beides oft zusammen: wer geblendet, getäuscht wird, wird oft auch verführt, doch sind es *zwei* Aspekte und zwei Akte.

Der *Sache* nach wird man Gen 3 als Prüfung verstehen.

Dass Gott Menschen versucht – unmittelbar oder mittelbar –, ist also dem AT, auch den Evangelisten nicht fremd. Erst später kamen Puristen auf den Gedanken, man müsse die Rede von Gott reinigen, allzu menschliche Züge herausnehmen aus der Vorstellung von Gott. Diesem Entlastungsversuch verdankt *Satan* bei Hiob seine Funktion. Einen deutlichen Beleg für diese Änderung im Gottesbild bietet eine Episode mit König *David*.

Im Groll auf Israel versucht Gott den David zu einer Volkszählung (sie galt aktuell als Unglaube). Darauf kommt zur Strafe eine Pest über das Land (2Sam 24,1ff). Davids Verführung durch Gott selbst wird mit dem Wort סות (= verlocken, verführen, aufstacheln; Hiphil וַיָּסֶת) ausgedrückt.

Im späten 1. Buch der Chronik (wohl 4.-3. Jh), das Israels Geschichte nochmals nacherzählt, wird dieselbe Vokabel (סות), wiederum anlässlich der Volkszählung durch David, gebraucht: nur ist es jetzt *nicht* Gott, der David anstachelt, sondern *Satan* (1 Chr 21,1).[15] Die Wortwahl im Ersten Bund wird nun klargestellt: *Gott* verführt *nicht* zur Sünde![16]

Satan oder Teufel ist im späten AT, z.T. noch in den Evangelien ein renitenter Höfling, ein Angestellter Gottes, der quasi die Kündigung schon in der Tasche hat, übergangsweise eine Art freier Mitarbeiter, der gelegentlich Aufträge von Gott erhält, die mit Prüfung oder Erprobung zu tun haben: „Simon, Simon, der Satan hat sich ausgebeten (ἐξῃτήσατο), dass er euch (Jünger) wie Weizen sieben darf. Ich aber habe für dich gebetet, damit dein Glaube nicht erlischt" (Lk 22,31ff).

Satan übt hier die gleiche Funktion aus wie im Buch Hiob, wo er Hiobs Glaubensfestigkeit prüfen will und darf (gepaart mit der Erwartung [17], sie werde nicht halten); ähnlich die Versuchungen Jesu.

---

[15] Die Pest als Strafe Gottes für eine Volkszählung ist heute schwer verständlich. Vermutlich sah man damals in der Volkszählung einen Glaubensmangel u. Affront gegen Gott als Bundesherr, dessen Sache es sei, das Volk zu vermehren u. zu zählen – einen Abfall zum baalischen Staat (Menschen als ´Material`).

[16] Die alten Griechen dagegen (schon bei *Homer*) trauten ihren Göttern, selbst Zeus, ohne weiteres zu, dass sie Menschen zu Verfehlungen anstifteten und sie hinterher dafür büßen ließen.

[17] Es ist diese negative Tendenz, die Satan in Gegensatz zu Gott und den glaubenden Menschen bringt.

Aber so sehr Satan zB in den ersten beiden Kapiteln des Hiob-Buches eine provozierende Rolle spielt, im weiteren Verlauf setzt sich Hiob mit *Gott* auseinander, nicht mit Satan (er kommt nicht mehr vor). Schon anfangs, als Hiob auch seine Gesundheit verliert und seine Frau ihm nahelegt, Gott zu fluchen, erklärt er ihr, man müsse bereit sein, nicht nur das Gute *von Gott* anzunehmen, sondern auch das Schlechte, das Üble, Böse (הָרָע / τὰ κακά [LXX]: 2,10).

Ein puristischer Theologe war der Verfasser des späten *Jakobus-Briefs*, der die Adressaten ermahnt: „Keiner, der versucht wird, soll sagen: Ich werde von Gott versucht (πειράζομαι); Gott ist nämlich nicht versuchbar durch Böses, und er versucht auch niemanden" (1,13). Jeder werde vielmehr von der eigenen Begierlichkeit, vom Trieb gezogen, und dieser gebäre die Sünde (vv 14-15).[18]

Klar ist: auch der Jakobusbrief versteht unter Versuchung die *Verführung* – zur Sünde – , *nicht nur* eine Erprobung.

Der Jakobus-Brief wird bestätigt von der altbundlichen *Weisheit*. Das Buch *Jesus Sirach* mahnt, kein Sünder solle behaupten, seine Sünde komme von Gott; Gott habe ihn sozusagen zur Sünde angestachelt. Denn „was Gott hasst (die Sünde), das tut er nicht". Was Gott für Menschen tut, seien die Gebote und Weisungen, wie der Mensch Gott und seinem Lebensprogramm treu sein könne. Die Wahl, ob er recht tut oder sündigt, liege allein beim Menschen selbst (Sir 15,11-20).

Die Unterscheidung zwischen Versuchung als *Erprobung* und Versuchung als *Verführung* wird ganz klar, wenn der Beter des 26. (LXX 25.) Psalms zu Gott spricht: „Prüfe mich, Herr, und erprobe (versuche) mich, reinige meine Nieren und mein Herz!" (v 2). Er gebraucht die einschlägigen Vokabeln נַסֵּנִי bzw πειρασόν με. Zu übersetzen „verlocke mich, Herr, verführe mich" wäre ´daneben`.

Es ist daher gut biblisches, traditionsbewusstes Denken, wenn Jesus in das Gebet, das er die Jünger lehrt, bei Mt die Bitte einfügt „trage uns nicht hinein in die Versuchung (Prüfung)"! Wir schlichten

---

[18] Jak. neigt zur rabbinischen Lehre der Mischna von den zwei Trieben, die vor ihrer Verschriftung mündlich umlief.

Jünger, schlichte Gläubige müssten ja fürchten, überfordert zu sein, wenn wir an die großen Vorbilder *Jesus*, *Abraham*, große Fromme der Glaubensgeschichte denken, die diese Prüfung bestanden.

Stattdessen – geht die Bitte weiter – *errette* uns lieber vom Übel/vom Bösen! Dies erbitten wir aus genau dem Grund, den der Jakobusbrief nennt: wir sind schwach von innen her, von unserem Antrieb her egoistisch. Ständig laufen wir, was auch *Pascal* quälte, in die Falle unseres Ego, wollen etwas nur "für mich" haben, auf Kosten der anderen und ihrer Rechte.

Zeitgenössische Kritiker sprechen von der „Generation EGO".

Es fängt nahezu unbemerkt, undramatisch im Kleinen an: ein Cafe, im Wandkorb liegen zwei Tageszeitungen. Ein Ehepaar tritt ein, teilt sich: der Mann besetzt sogleich den freien Tisch neben dem Zeitungskorb, reserviert sich die beiden Exemplare (der gleichen Zeitung), während die Frau an der Theke Frühstück ordert. Dann lesen beide, einander gegenüber, ein jedes ein Exemplar der gleichen Tageszeitung, ungerührt um andere Kunden, die vernehmlich eine Zeitung suchen – keine übrig. Pech gehabt! Wer zuerst kommt ... Die Zeitungslektüre im Cafe wird zur ´*Privat*sache`. Warum soll ich teilen, gönnen – wo ich doch zuerst da war?! Die anderen hätten ja früher kommen können ... Privat, privé bedeutet lateinisch wie französisch buchstäblich „geraubt", den anderen entzogen, um es für sich zu haben. Dabei hätten Menschen doch zu lernen, was schon kleine Kinder nur schwer lernen, aber lernen müssen: zu teilen, anderen zu gönnen!

In der Bibel stößt man immer wieder auf die Grundfigur: der Knecht kommt in die Prüfung des Herrn mit Gaben, Gütern des Lehens, übergibt sie dem Herrn, damit *er* den Tisch decke *für alle*.

Da wird unser Trieb, unser innerer Be-*trieb* unruhig, da sagt die Schlange: Nimm dir doch, Adam, nimm dir doch, Eva, von alldem, hast doch geschuftet, hast`s dir verdient, wer weiß, ob du – wenn du alles dem Herrn überlässt – genug kriegst - du willst und musst doch auch leben! So stark kann der Trieb werden, dass die Prüfung das Gesicht von Versuchung, Verführung annimmt – dann schlittert man, biblisch gesagt, in die Sünde.

Die typische Bedeutung der Versuchungen Jesu

Was auf dem Spiel steht, erkennt man in den drei Versuchungen/ Prüfungen, die Jesus bestehen soll. Fragt man, warum, wozu Jesus versucht, geprüft wurde, gibt der erzählerische Rahmen Aufschluss: vorausgeht Jesu *Berufung* zum Gottesknecht - "Sohn" - aus Anlass seiner Taufe (Mk 1,9ff Par).

Dass ein von (einem) Gott Erwählter im Anschluss an seine Berufung geprüft/versucht wird, ist in der Welt-Literatur ein *Topos*, ein Klischee, ein Schema: der

von Gott/ Göttern Erwählte wird, ehe er seine Sendung antritt, auf die Probe gestellt, ob er stark, loyal, genügend treu ist.

So *Abraham*, der Stammvater, und sein Auftrag, den Sohn zu opfern. Der sagenhafte *Simson* verliert gar sein Leben, als er dem Drängen der Geliebten nachgibt und das Geheimnis seiner Gotteskraft verrät. *Hiobs* Glaube wird vom Satan geprüft, ob er stärker ist als Hab und Gut und Gesundheit. *Antonius der Große* (Vater des christlichen Mönchtums) begab sich selber in die Wüste, um seine Berufung im Widerstand gegen Versuchungen zu erproben und zu läutern.

Der altgriechische ´Superheld` *Herakles* muss, ehe er seine Taten („Arbeiten") vollbringt, am Scheideweg zwischen Tugend und Laster wählen, beide von Frauen verkörpert.

Auch *Mohammed* hatte, wie die Forschung zeigt, seine ´Versuchung in der Wüste` (Sure 96,9-14).[19]

Im „Gesang des Erhabenen" (*Bhagavadgita*) macht der Erhabene (*Bhagvan*) dem Rat suchenden *Arjuna* klar, der „Feind" der Einsichtigen und Willigen könne jede beliebige Gestalt annehmen und den Verstand verwirren (3. Gesang). Triebhafte, begierliche, ichsüchtige Menschen, d.h. die Bösen, welche selbstlose Liebe verwerfen, verwirft der Erhabene (*Krishna,* Verkörperung *Vishnus*), stürzt sie „in dämonische Mutterschöße", die „Hölle", in die Bereiche des niedersten, vergänglichen Lebens (16. Gesang).

Im Hinduismus ist *Shiva*, der Zerstörer-Gott, Äquivalent von *Satan*.

Auch die 3 Ausfahrten des jungen *Siddharta,* des späteren *Buddha,*

---

[19] Nach *C. Schedl*, Muhammad und Jesus (Wien-Freiburg-Basel 1978), 52f

zeigen diese Kategorie: Begegnungen mit Alter/Leid, Krankheit und Tod läutern ihn und wecken in ihm seine Berufung: eine von triebhafter Weltverhaftung unabhängige Weisheit zu verkünden. Auch er bestand eine dreifache Prüfung. Zusätzlich wird *Siddharta* nach einer Legende vom Dämon *Mara* erst mit Pfeilen, dann mit nackten Frauen attackiert (versucht), um den Weg zur Erkenntnis zu verhindern.–

In der Liturgie der katholischen Kirche symbolisiert die *Firmung* wesentlich den Moment, wo der heranwachsende junge Christ, Junge oder Mädchen, in die Wüste geht (vertreten durch die harte, oft ungläubige Welt), wo sein/ihr Glaube erprobt wird. *Wie* Jesus (und *durch* Jesus in sakramentaler Form) wird er vom Hl. Geist geführt und gestärkt (ge-firmt), um gegen verlockende Alternativen den Glauben zu bewahren, ihn besser zu verstehen, in ihm tiefer verwurzelt zu werden.

Zurück zu Jesus und seiner Erwählung: Der selbe Gottes-Geist, der nach Art einer Taube herab kommt, begleitet von der Himmels-stimme, die Jesus zum „geliebten Sohn" (Gottesknecht, Messias) beruft, treibt Jesus fort von den Menschen, in die Einöde, wo er sich seiner Berufung und ihrer Bedeutung vergewissern soll (vom Täufer und dessen Jüngern geht er ja weg, seine Berufung ist anders als die des Täufers). Wie vergewissert sich aber einer seiner Berufung? Indem er mehrere Alternativen auf sich zukommen sieht, die locken, ihn bedrängen, die er verwirft (unvereinbar mit der Berufung) oder bejaht, wenn er Gleichklang, *Kon*sonanz spürt zwischen Berufung und der Möglichkeit, sie konkret zu gestalten: Konkretionen seiner Sendung.

Die Versuchungserzählung gibt drei typische Verführungsmuster wieder.

Die Q-Überlieferung (dem Mk-Evangelium unbekannt) konkretisiert das Geschehen.

1. Bedrängt vom eigenen Hunger (nach einer Fastenzeit) tritt ihm die Verlockung vor Augen, ´aus Nichts` (Steine als Symptome des unfruchtbaren Landes, des „Nichts") Brot zu machen: ab sofort könnte er den Welthunger stillen, die Mangelkrankheiten, den frühen

Tod durch Auszehrung (wie beim armen Lazarus) aus der Welt schaffen! Damit hätte die Menschheit ausgesorgt, gleichzeitig er selber: seine Karriere wäre gesichert, er wäre „durch". Doch Jesus spürt: das ist es nicht, was mich bewegt! Zwar hungern die Menschen nach Brot, doch, tiefer gesehen, hungern sie nach mehr als nur Brot, sie hungern nach Leben. Quelle von Leben schlechthin ist aber Gott. Israel hat es erfahren und erkannt: Leben kommt aus Gottes Mund.

2. Eine weitere Versuchung führt karrieremäßig noch weiter nach oben: die Staaten und Wirtschaftsmächte der Welt treten vor Jesu Auge. Die Versuchung formt sich: Jesus könnte sich vom bloßen „Knecht" zum „Herrn" aufschwingen, *selber* herrschen, Chef sein, statt nur zu dienen: jetzt, wo ihm die einmalige Chance offensteht, ´nach oben` zu kommen und sein Potential zu globalisieren. Der Auftrag des „Sohnes" wird verdreht: Menschen und Völker soll er für sich gewinnen, die Berufung hat ihm ja Macht in die Hände gespielt! Jesus soll Gott außen vor lassen. Mach es wie ich: Stell´ dein Ego zuoberst und du wirst, wie ich, eine Welt-Macht sein, ein Superstar, der Mann des Jahrzehnts, des Jahrhunderts, der in aller Munde ist! Film und Fernsehen zeigen: Es gibt kaum etwas Verführerisches als das Angebot, in den Blickpunkt zu rücken, ein „Star" zu werden, „Welt-Star": Inbegriff von Begehrlichkeit, Geltungshunger.[20] Doch Jesus widersteht: Es gibt schon *die* Welt-Macht, All-Macht, Gott, der in seinen Dienst beruft! *Keine anderen Götter* … (auch nicht „ich"). Schließlich die 3. Versuchung: sie will das Vertrauen Jesu zum „Herrn" lächerlich machen. Traust du dem *wirklich*? Kommst du mit *dem* auf deine Kosten? Der will dich doch bloß ausnützen! Du kannst ihn ja testen, ob auf ihn Verlass ist. Wirf dich von der Tempelzinne hier in die Tiefe! Normal bist du tot, wenn du unten ankommst. Aber wenn du sicher bist, dass er mit dir

---

[20] Der bekannte Philosoph *J. Splett* war vor Jahren unterwegs zu einem Vortrag in einem örtlichen Bildungswerk. Unterdessen rief das ZDF seine Frau an: man erwarte ihren Mann dringend bei der abendlichen Talkshow. Frau *Splett* möge umgehend ihren Mann anrufen, ihn nach Mainz beordern: er sei für die Abend-Show fest eingeplant. Als Frau *Splett* erwiderte, ihr Mann sei besetzt, da er am selben Abend einen Vortragstermin habe, antwortete das ZDF: „Aber Madame! Wir sind doch das Fernsehen!" *Splett* kam nicht.

Besonderes vorhat und seine Engel dich schützen, wird er dich auffangen lassen von Engeln. Das wäre ein schlagender Beweis, dass er es ernst meint mit dir *und* dass er ´was kann, dass er die Welt auch verändern *kann*. Wenn du mich fragst, ich würd` nicht hinunterspringen, ich glaub` nicht, dass er für mich so viel übrig hätte – aber wenn du ihm trauen kannst ...! Wenn du aber nicht springst, weil du *Realist* bist – ich hätte auch Aufgaben für dich!

Jesus durchschaut Versuchung und Versucher. Der frevelt, da er Gott auf sein eigenes Niveau herunterzieht. So täte auch Jesus, würde er sich auf den Vorschlag des anderen einlassen. Der Mensch degradiert Gott, wenn er dessen Treue, statt ihm zu trauen, testen will durch „Versuch und Irrtum“. Könnte Jesus Gottes Treue experimentell prüfen und erreichen, dass Gott ihn auffängt, hätte er quasi auf Knopfdruck eine Reaktion Gottes erzeugt. Aus Gottes Treue wäre eine Re-Aktion, ein Reaktionsmuster geworden, ein auslösbarer Effekt. Man könnte mit Gott spielen, ihn nach eigener Pfeife tanzen lassen. Aus dem *Vertrauen* des Knechtes zu seinem Herrn wäre *Berechnung* geworden.

Doch Jesus fühlt das Einzigartige, das über Welt und Tod Hinausgreifende seiner Berufung durch Gott; er spürt, dass sein Vertrauen in die Treue des Herrn mit nichts von alldem erfüllt und verrechnet werden kann, was der Trieb in die Welt beizubringen vermag. Die Erzählung endet damit, dass der Teufel ihn verlässt. Zwei Lebensentwürfe, die sich gegenseitig ausschließen.

Was meint die Bitte um „Befreiung" vom Übel/Bösen?

Was besagt nun die Vaterunser-Bitte, die wir prüfen?
Die Bitte um Befreiung vom Übel/Bösen setzt voraus, dass die Situation akut, ernst ist, dass nicht nur abstrakt etwa um Bewahrung vor Bösem gebetet wird, der betende Mensch vielmehr in *akuter Not* ist, da er im Reich des Üblen/Bösen wie gefangen ist und um Rettung betet: „hol mich hier heraus, ich bin ein Glaubender!"
Schauen wir nochmals auf die Erzählung von den Versuchungen Jesu. Ob der Versucher Jesus die Karriere des Brotversorgers, des Wohltäters des Volkes anbietet oder die Weltherrschaft, ob er zur Emanzipation von Gottvertrauen zugunsten von Selbstvertrauen anstachelt (Gottvertrauen ist für *Freud* die infantile Haltung von Menschen, die nicht erwachsen werden wollen), in diesen Alternativen spüren wir die Macht, die vor Jesus hintritt, fühlen den Sog der "Selbstverwirklichung", dem wir Durchschnittsmenschen kaum widerstehen. Damals wie heute ist die Luft, die Atmosphäre voll derartiger Angebote. Wer sie zugunsten des Glaubens, d.h. Gottes ausschlägt, ist in den Augen der Vielen ein Narr oder Schwächling. Schon früh lernen die Kinder „hast du was, dann bist du was". Du kannst aber nur etwas haben, wenn du schneller bist als die anderen und keine falsche Rücksicht kennst.
Als Glaubende aber begeben wir uns in ein vertrauliches Dienst-Verhältnis mit Gott und suchen unseren Welt-Auftrag von ihm her zu verstehen und zu akzentuieren. Karrieredenken findet sich aber vielfach auch in der Kirche (Papst *Franziskus* prangerte es an). Christen jedoch hätten, wie Jesus, sich immer wieder in die Einsamkeit zurückzuziehen, um betend zu erfahren, wohin *Gott* sie ruft, wie Er sie heilsam führen will: heilsam für sie selbst wie für andere.
Auf unsere *Gefangenschaft* in einer Welt voller Übel und Bösem macht ein Karlsruher Philosoph[21] eindringlich aufmerksam. Nach der Autobiographie des Dichters *Carl Zuckmayer* wusste dieser, 18 Jahre alt, 1914 um die Gefahr des nahen Krieges. In frühen Gedichten

---

[21] *F. Lauxmann*, Die Schöpfung (München 2006)

warnte er hellsichtig vor dessen unmenschlichen Folgen für viele Menschen und erklärte kategorisch, nie an einem Krieg teilnehmen zu wollen. Zurück aus dem Urlaub, nahm er die überall sich ausbreitende Begeisterung am nahen Waffengang wahr, realisierte den nationalen Optimismus, wurde davon mitgerissen: seine Stimmung kippte völlig. Die Zeitung, die seine Warn-Gedichte hatte drucken wollen, nahm ihre Zusage zurück: die Gedichte passten nicht mehr in die national-militärische Aufbruchstimmung. *Zuckmayer* selbst, gegen seinen früheren Entschluss, meldete sich nun als Freiwilliger zum Krieg. Rückblickend wurde ihm klar, wie er in der kriegerischen Stimmung der Masse seine Selbständigkeit und Kritikfähigkeit verlor, wie leicht er seine Freiheit von der Mehrheit gängeln ließ, wie die eigene Entschlusskraft samt der früheren Entschlüsse unter dem öffentlichen Druck sich auflösten.

Zwar ist jede(r) von uns ein *Subjekt*, aber gleichzeitig mutieren wir zu *Objekten* für Kräfte und Trends, die von jeder Seite auf uns einwirken. Ehe wir selber zu diesem oder jenem Thema uns ein Urteil bilden, Stellung nehmen können, wird unsere Entscheidung von anderen abgenommen: wir stecken denkend, fühlend, handelnd mit drin, ob wir wollen oder nicht. „Wir halten uns für so frei wie ein Fisch im Wasser und schwimmen doch im Schwarm, noch im Netz denken wir nicht daran, dass es aus dem Wasser gezogen wird" (*Lauxmann*).

Oder – mit einem anderen Bild – wir hängen, mehr als uns bewusst ist, wie Marionetten an unsichtbaren Fäden (oft in der Stärke von Stricken), die wir bis in intimste Gefühle und Gedanken spüren.

„Puppen sind wir, von unbekannten Gewalten am Draht gezogen, nichts wir selbst", klagte feinfühlig der Dichter *Georg Büchner*.

Das Bild ist leicht konkretisierbar: „Die Erde ist auf unabsehbare Jahrtausende verseucht durch Atommüll, die herkömmlichen Energievorräte gehen zur Neige, die Luftverschmutzung nimmt weltweit zu, das Klima neigt zu menschenfeindlichen Extremen, die Menschheit wächst und verdrängt mehr und mehr die Natur" (*Lauxmann*, 227).

In der heutigen Welt fühlen wir uns oft unfähig, nach eigener Einsicht zu handeln. Gravierender: Die Komplexität von Zuständen und Ursachen erzeugt tiefe Unsicherheit. Ansteckende Terror- und Verschwörungs-Furcht, brutale Gewalt, Krieg, Massentod, Hunger und Unterernährung, Krankheiten und Epidemien, die Verslumung ganzer Völker, Artensterben und vieles mehr, nicht zuletzt die Furcht vor Auslöschung der Menschheit mit Massenvernichtungswaffen durch Skrupellose. Dem Gefühl eigener Ohnmacht entspricht das Gefühl, von Übermacht, Übermächten außer Reichweite bedrängt zu sein.

Eine Grundsituation, schon dem NT bekannt, auf die es in Variationen immer wieder hinweist.

„Mächte und Gewalten"

Eindringlich warnen Paulus und andere Briefautoren die Christen: Christsein bedeute einen unablässigen Kampf gegen „die Mächte und Gewalten" (so der Sammelbegriff).

Eindrücklich ein Wort aus dem *Epheser*brief: „Uns ist beschieden kein Ringen (Kampf) mit Blut und Fleisch, sondern mit den Urgewalten, mit den Mächten, mit den Weltherrschern dieser Finsternis, mit den Geistern der Schlechtigkeit / des Bösen (τῆς πονηρίας) in den Himmeln" (6,12).

Hier ist, wie in der Vaterunser-Bitte, wörtlich die Rede von πονηρία, vom Schlechten/Bösen, in Verbindung mit „Geistern". Gemeint sind Widermächte, Bösmächte mit verschiedenen Bezeichnungen: „Mächte", „Gewalten", „Kräfte", „Elemente", „Herrschaf-ten", „Throne", „Geister", „Dämonen", ja „Götter" und „Engel", aber auch „Drachen", „Löwen", „Schlangen".

Ist das Ausdruck einer überholten Weltanschauung? Achten wir auf Bedeutung und Hintergrund!

Ein Kernsatz frühchristlichen Osterglaubens lautet: „Der da ist zur Rechten Gottes, hingegangen in den Himmel, wo ihm Engel untertan wurden *und Mächte und Gewalten*" (1Petr 3,22).

Darauf antwortet die Kirche im Gottesdienst (in der Präfation der Sonntage im Jahreskreis): „Darum singen wir mit den Engeln und Erzengeln, den *Thronen und Mächten* ... den Hochgesang von deiner göttlichen Herrlichkeit:" *Es folgt das Heilig-Lied.*

Dann nimmt der Priester das Gotteslob auf, spricht (in den Hochgebeten 1-3): „Heilig, heilig, heilig Gott, *Herr aller Mächte und Gewalten.* Erfüllt sind Himmel und Erde von deiner Herrlichkeit".

Dies ist Bestandteil der kirchlichen Liturgie, des Gebetsbewusstseins. Ausdruck also der Glaubensüberzeugung: alle uns Menschen irritierenden, verführenden, Unterwerfung fordernden Mächte und Gewalten des Kosmos sind selbst unterworfen, sind dem auferstandenen, zur Rechten Gottes erhobenen Christus „unter die Füße gelegt" worden (1Kor 15,24-28; Phil 2,9ff; Kol 1,16f = Eucharistie).

Mit dem *Geister*glauben tun sich heute viele schwer, seit die Aufklärungszeit ihn überholt erklärte zugunsten naturwissenschaftlich-rationaler Welterklärung.

In der Tat hat diese rationale, methodisch-rechnerische Betrachtung und Erklärung der Welt viele dumpfe Ängste und Befürchtungen ernüchtert. Dennoch lesen wir die Namen und Bezeichnungen für die Mächte und Gewalten in der *Bibel*. Ein totalisierender Rationalismus wollte sie leugnen oder als Phantome erscheinen lassen.

Ein Nachhall war das Thema *Entmythologisierung* des protestantischen Gelehrten *Rudolf Bultmann* (1941). Er meinte, der moderne Mensch könne nicht elektrisches Licht und Radio nutzen, moderne Medizin in Anspruch nehmen „und gleichzeitig an die Geister- und Wunderwelt des NT glauben".

Aber *Bultmann* irrte. Gegen sein Verdikt handeln viele Menschen zweigleisig, glauben fundamentalistisch oder nur traditionell, nutzen aber moderne Technik. *Bultmann* wollte freilich nicht, wie ihm Kritiker unterstellten, Texte aus dem NT streichen oder den Unglauben befördern. Vielmehr spürte er die tiefere Wahrheit hinter dem Wortlaut. Darum müssten, war er überzeugt, die für modernes Empfinden anstößigen Texte anders interpretiert werden: nicht ontisch, als gehe es bei den Mächten um eigene Entitäten (Wesen), sondern *existenzial.* Die Möglichkeit einer nicht-ontischen Interpretation biblischer Texte sah er in Grundbegriffen der *Heideggerschen* Philosophie. Er wollte damit die *Existenz*-Bedeutung der Mächte und Gewalten erhellen und erkannte in ihnen *Aspekte der Welt-Verfallenheit* des Menschen, aus der ihn das Evangelium *erlösen* will so, dass es ihm zu sich selbst, zu seiner wahren Existenz verhilft im Gegenüber zu Gott.

Bultmanns Marburger Predigten belegen bis heute die Tiefensicht seines methodischen Ansatzes.

Seine existenziale Interpretation betont auch die *bemächtigende* Wirkung der „Mächte und Gewalten": sie stehen für die „Weltverfallenheit" des Menschen, aus der er sich aus eigener Kraft nicht lösen kann.

Das NT verstehen auch heute Menschen nur, die sich klarmachen, in welchen Menschheitserfahrungen die Anschauung von „Mächten und Gewalten" wurzelt und was das NT meint, wenn es sie für entmachtet durch Jesus Christus erklärt.

Von Anfang an wussten die Menschen sich abhängig von übermenschlichen, nicht beeinflussbaren Mächten (die Höhlenmalereien schon der Steinzeit-Jäger bezeugen es).

Als Israel sesshaft wurde, war es angezogen vom kanaanäischen Gott *Baal*, dem Herrn und Meister der Natur-Verläufe. Sonnenschein, Regen, Fruchtbarkeit und Ernte waren nicht in der Hand von Menschen, so wenig wie die Mondzyklen und ihr Einfluss auf den weiblichen Zyklus, auf seelische Zustände. Zwar erkannte man in der Natur Rhythmen und richtete die Arbeit danach aus. Doch die Erfolge schwankten, waren ungewiss, nicht selten stellten sich Misserfolge ein, ereigneten sich unerwartete Katastrophen: Dürren, Überschwemmungen, Erdbeben, Vulkanausbrüche, dazu feindliche Überfälle, Kriege, Krankheiten, Seuchen und früher Tod. Die Abhängigkeit von Sonne und Mond machten Sonnen- und Mondfinsternisse zu bedrohlichen Phänomenen. Groß war die Angst vor unvorhersehbaren Heimsuchungen aus der Zukunft; in Beobachtung des Himmels, des Vogelzugs u.a.m. suchte man Warnungen und Anzeichen. Oft meinte man den Groll einer höheren Macht gegen den König, die Familie oder das Volk zu erkennen und suchte ihn durch makellose Opfer zu besänftigen. Literarische Zeugnisse von Sumer bis zum Hellenismus, ja bis in spätrömische Zeit bezeugen das verbreitete Lebensgefühl eher gedrückt, die Unsicherheit nach allen Seiten, Tag und Nacht. Zuflucht suchte man in Verschanzung hinter Burgen, Festungen, dicken Mauern, die doch irgendwann entweder erstiegen oder durchbrochen wurden oder zerfielen.[22]

---

[22] Zeugen bis heute sind z.B. die sog zyklopischen Mauern von *Mykene* und *Tiryns* am Argolischen Meerbusen.

Gott und die Schicksalsmächte

Die priesterschriftliche Schöpfungserzählung Gen 1 spricht Menschen auf diese Urfurcht an: Sonne, Mond, Sterne werden ihrer gewohnten Göttlichkeit entkleidet, degradiert zu Geschöpfen, zu bloßen *Lampen* für Tag und Nacht. Gen 1 verkündet in feierlichem Ton: Unser Gott – JHWH ELOHIM – hat „das All im Griff": ER ist "Herr", Befehlshaber über die Welt, alle Mächte und Gewalten.

Liest man die Genesis-Perikope genauer, erkennt man, dass Gott Erde und Himmel, *damit* sie Heimat für Pflanzen, Tiere und Menschen sein können, der chaotischen Urtiefe und Urmacht abnötigt, mitten im Chaos einen Hohlraum schafft, der freilich oben, unten, auf allen Seiten bedrängt bleibt vom Chaos, das als ständige Gefährdung des Lebens drohend im Hintergrund aufragt – etwa so, wie der *Vesuv* bis heute sich über dem Großraum Neapel mit Pompeji und anderen Ortschaften erhebt.

Gott gegenüber – gibt Gen 1 zu verstehen – hat das Chaos *keine* Macht, doch bleibt es eine *Macht*, eine ständige, Auflösung androhende *Macht* für die Lebewesen bis zum Menschen.

Auch wenn sie heute andere Namen tragen, sind Mächte und Gewalten nach wie vor existent, ragen drohend über dem Menschenleben auf. Mit dieser Empfindung sind jährlich Hunderttausende Besucher angezogen von Stätten der Verwüstung und tödlicher Katastrophen wie *Pompeji*, *Herculaneum* usw. Insgeheim fühlen sie sich den dort Umgekommenen und Verlorenen nahe, erleben sie wie frühe Opfer eigener, Furcht erregender Schicksale.

Die „Mächte und Gewalten" des NT sind *Schicksals*mächte, Unheilsmächte, die, unter anderen Namen, auch heute als aktiv, bedrohlich empfunden werden und, wie *Paulus* und andere Autoren warnen, gläubiges Vertrauen in den Gott und "Vater" Jesu Christi untergraben und zunichtemachen.

Es ist bekannt, dass die Mehrheit der Bevölkerung heute an Determination, schicksalhafte Vorherbestimmung glaubt, gegen die man nichts machen könne, die man hinnehmen müsse. „Zufall und Notwendigkeit" heißen heute für viele die Koordinaten, zwischen denen das Menschenleben abläuft.[23] Die Natur in ihrer Gesetzmäßigkeit und Macht ist für viele Inbegriff des undurchschaubaren Schicksals, wie man den Worten freier Redner bei Bestattungsfeiern entnehmen kann.

Anders jedoch der Dichter *Georg Büchner*, bekannt auch durch den Satz: „Warum leide ich? Das ist der Fels des Atheismus". Er starb jung, kaum hatte er seinen medizinischen Doktorgrad erworben. Drei Tage vor seinem Tod soll er die Besucher beschieden haben: „Wir haben der Schmerzen nicht zu viel, wir haben ihrer zu wenig, denn durch den Schmerz gehen wir zu Gott ein! Wir sind Tod, Staub, Asche, wie dürften wir klagen?"

Vielleicht kann man sagen: Hier hat ein Mensch erfahren, dass die schicksalhafte Natur, die ihm einen frühen Tod bereitete, untergründig umfasst sein kann von einer höheren Macht.

Freilich, viele finden durch die Schicksalsmacht und ihre dunklen Gesichter nicht durch, bleiben gefangen im Bann des Unheimlichen, Sinnlosen, abgründiger Finsternis.

So steckt ein lebenswichtiger Sinn in der letzten Vaterunser-Bitte: „Befreie uns vom Üblen/Bösen!"

Viele finden nicht zum biblischen Glauben an Gott, weil ihr Denken blockiert ist.

Paulus nennt einmal als Grund, dass Christen, ehe sie zum Glauben kamen, im Machtbereich jenes „Geistes" lebten, „der über die Luft herrscht" (κατὰ τὸν ἄρχοντα τῆς ἐξουσίας τοῦ ἀέρος Eph 2,2), wie er jetzt über jene herrsche, die dem Christus-Glauben misstrauen. Damit ist offenbar die geistige Luft gemeint, die Menschen einatmen, die ihnen suggeriert, die Natur mit ihren Gesetzen sei *das Schicksal*, die *letzte Instanz* für Menschen, daher „alternativlos": es gebe nur dieses eine Leben, die Natur bevorzuge die Starken, die sich einfach

---

[23] Als das gleichnamige Buch des frz. Biologen *J. Monod*, Le hasard et la nécessité, auf Deutsch erschien, erklärte ein halbwüchsiger Schüler dem Religionslehrer: „*Heute* Nachmittag kaufen meine Eltern das Buch von *Monod*. Das erklärt die Welt, wie sie wirklich ist. Dann können Sie *einpacken* mit Ihrem lieben Gott!"

nehmen, was sie wollen, statt im Zögern und Problematisieren stecken zu bleiben.

Entsprechend gebärdete sich die alte Weisheit der Babylonier, von *Jesaja* und *Paulus* zitiert: „Lasst uns essen und trinken, denn morgen sind wir tot!" (Jes 22,13; 1Kor 15,32).

Zu den „Mächten und Gewalten" zählen *Lügen*-Geister, die „eine Energie von Irrtum und Betrug" ausströmen (2Thess 2,9ff), zu täuschenden Lehren und Auffassungen verleiten und den Christus-Glauben selbst als Täuschung/Selbsttäuschung hinstellen (1Tim 4,1; 2Tim 2,26).

Da gibt man Halbwahrheiten gerne als Ganzwahrheiten aus, deklariert freie Entschlüsse als „Sachzwänge", geht hausieren mit Sprüchen wie „nur was ich greifen kann, ist real" oder „es ist noch keiner von drüben gekommen und hat berichtet" oder „man lebt nur einmal" oder „jeder ist sich selbst der Nächste" oder „die Welt will betrogen sein" oder „nach mir die Sintflut!" Andere geben das Motto aus „Geld regiert die Welt" und verbreiten Grundsätze wie: „Wo es um`s Geschäft geht, nationale, ja globale Interessen, sind moralische Bedenken kontraproduktiv!"

Die berechtigte Forderung, die Natur, die Erde zu achten, ihre Weisheit zu respektieren, kann leicht umschlagen in Ideologie: Fetischisierung, ja Anbetung der Natur.

Mächte dieser Art, die nicht selten als Trend, Mode, Zeitgeist daherkommen, verströmen gern narkotisierenden Reiz unter Verweis auf das sogenannt rein "Natürliche"; dessen letztes Wort heißt freilich Tod. Zwar fordert die Natur Respekt; wird sie jedoch zum absoluten Maßstab, schließt sie den Menschen in seinem Elend (in seiner *misère*: *Pascal*) ein, hält ihn darin gefangen.

41

Die vielen Namen des Teufels

Das NT *scheint* die „Mächte und Gewalten" *personal* aufzufassen: als quasi-personale Mächte, wie auch die Rede von „Geistern" nahelegt. Eine naturwissenschaftlich beeinflusste Weltanschauung neigt eher zu *apersonaler Auffassung* solcher Mächte.

Die Frage lässt sich nicht leicht entscheiden. Die anthropomorphe Deutung ist offenbar zu platt. Auch personal aufgefasste „Mächte" zeigen sich offenbar nicht an-sich, sondern in Gestalt von *Wirkungen, Mächten, Einflüssen,* von *Atmosphäre, Zeitgeist* u.ä.

Hinzu kommt jene Größe, die wir bisher nur streiften: *der* Böse, Satan, Teufel. Für die Autoren des NT ist er Letzt-Instanz aller „Mächte und Gewalten", ihr „Herr" als „Herrscher dieser Welt".

Wir können das bedeutsame Thema hier nur ein wenig anleuchten.

Als Einstieg hilft ein Stück *Worterklärung.*

In den synoptischen Erzählungen von den "drei Versuchungen Jesu" gebraucht *Lk* durchgehend das griechische Wort *diabolos* (διάβολος), aus dem sich über das Kirchenlatein, das Gotische, Althochdeutsche der Ausdruck *Teufel* entwickelte. Dem ursprünglichen Wortsinn nach meint *diabolos* einen, der etwas oder jemanden ent-zweit (διά), auseinander-setzt (βάλλειν), eine Aussage oder Tat *gegen* den anderen stellt – im Sinne von anklagen, verleumden oder auch täuschen, zB mit einer Behauptung, die nicht wahr ist und belastet. Das schafft Ent-Zweiung; wer so handelt, ist der oder ein Ent-Zweier = *diabolus,* "Teufel".

Bei *Mk/Mt* steht statt Teufel durchgehend der Ausdruck *Satan,* ein hebräisches Wort, das als Lehnwort auch im griechischen NT vorkommt (σατανᾶς). Die Form *Satan* ist sowohl Verb wie Nomen. *satan* (שׂטן) heißt anfeinden, anklagen; das Nomen *ha satán* (הַ שָׂטָן) Widersacher, Ankläger.

Im *AT* ist Satan im Lauf der Zeit zu einer selbständigen Funktionsbezeichnung geworden: ein Funktionär der Anklage, dessen Funktion in Anklageerhebung besteht. Als solcher tritt er im Buch *Hiob* in Erscheinung: er verleumdet (שׂטן) Hiob vor Gott, indem er behauptet,

Hiobs Glaube, seine Treue zu Gott sei nicht echt, sei gebunden an seinen Wohlstand; würde ihm dieser genommen, würde sein Glaube zusammenbrechen wie ein Kartenhaus. So die Anklage. Gott nimmt sie ernst und beauftragt den Ankläger, Beweise beizubringen: Mach` die Probe aufs Exempel, nimm Hiob alles weg (außer dem nackten Leben), dann wird sich zeigen, ob deine Anklage wahr ist. Getan wie gesagt. Satan raubt Hiob durch Überfälle und Krankheiten alles, was sein Glück und Wohlbefinden ausmacht, Hab und Gut, und erwartet, dass Hiob Gott fluche. Doch erreicht Satan nicht, dass Hiob Gott flucht, stattdessen tut es seine *Frau* (ist sie stärker erdverbunden?).

Dank der Rolle, die Satan im Hiob-Buch einnimmt, entwickelt sich in Israel immer stärker das Bild vom Versucher im Sinne von *Verführer*. So wie er Hiob zum Unglauben versucht, verführt er David zur Volkszählung, was Gottes Zorn gegen Israel erregt (vgl. 1Chron).

Das setzt sich fort im NT: hier wird die griechische Übersetzung von Satan = Ankläger (κατήγωρ, κατήγορος) zu einem Stereotyp: Satan ist „der Ankläger unserer Brüder, der sie Tag und Nacht vor unserem Gott verklagt" (Apk 12,10; vgl. Sach 3,1ff).

Sein *Antityp* und Antipode aber ist *Jesus* selbst. Den Männern gegenüber, die ihn zur Rede stellen (anklagen), weil er am Sabbat einen Gelähmten heilt, besteht er auf seiner vom „Vater" empfangenen Vollmacht, was sie aber noch mehr in Rage bringt. Jesus bemüht sich – vergeblich –, seine Vollmacht zu begründen, und schließt mit der Versicherung: „Glaubt nicht, ich würde euch beim Vater verklagen" (μὴ δοκεῖτε ὅτι ἐγὼ κατηγορήσω ὑμῶν πρὸς τὸν πατέρα Joh 5,45), m.a.W. ich bin *kein* Satan und *kein* Ankläger (wie ihr!)!

Auf diese Gewissheit baut *Paulus* im Römerbrief: „Wenn Gott für uns ist, wer ist dann gegen uns? ...Wer will sie (die von Gott Erwählten) anklagen? Christus, der gestorben, mehr noch, der auferweckt wurde, der zur Rechten des Vaters ist, der für uns eintritt?" (8,31.34).

Eine rhetorische Frage, die davon überzeugen will, dass Jesu Botschaft durch und durch *Froh*-Botschaft ist, weil alles Anklägertum aus der Art Gottes entfernt ist: Satan ist *einfürallemal* kein Name für Gott, auch kein Engel, kein Bote Gottes.

Bleiben wir noch bei den Namen.

Paulus fragt die Korinther einmal rhetorisch: „Was hat denn Licht mit Finsternis gemeinsam? Wie können denn Christus und *Beliar* übereinstimmen (wörtl zusammenklingen)?" (2Kor 6,14f). Finsternis und *Beliar* werden also parallel genommen.

Βελιάρ kommt aus dem hebräischen בְּלִיַּעַל, Belija'al, zusammen gesetzt aus בְּלִי = nicht, und יַעַל = nützen, helfen bzw Nutzen haben. *Belial* ist also etwa Nicht(s)nutz, das Vergebliche, Schädliche, Übel. Das „r" am Ende wurde wohl zur leichteren Aussprache für Griechischsprechende gebildet.

Bekannter ist der Ausdruck *Beelzebub*, aus hebräisch בַּעַל זְבוּב Herr der Fliegen, Mücken, der das störende, belästigende Moment betont. Der griechische Ausdruck Βεεζεβούλ ist wohl wieder aus Aussprachegründen vereinfacht. Der Ausdruck ist Pseudonym für Satan als Herrn der bösen Geister, Dämonen. Die Schriftgelehrten mutmaßen, der Heiler Jesus stehe mit Satan im Bund, wo seine Angehörigen ´nur` meinen, Jesus sei von Sinnen (Mk 3,21f Par; Mt 10,25).

- Im NT begegnet noch die Bezeichnung „der Feind" (ὁ ἐχθρός Mt 13,39; Lk 10,19).

- Schließlich *Luzifer*, lat. Lucifer, dt. Lichtträger, Lichtbringer. Woher diese Bezeichnung?

Bei Jes 14,12 heißt es im Blick auf einen babylonischen König: „Wie bist du vom Himmel gefallen, du Morgenstern, Frühlichtbringer (ἑωσφόρος)!" Wiedergabe im Lateinischen: „lucifer".

Wie konnte diese Bezeichnung später auf den Teufel übertragen werden? Den Hinweis gibt das Jesaja-Wort, wo es als *Grund* für den Sturz des Königs vom Himmel nennt: „Du sprachst in deinem Herzen: ´Zum Himmel aufsteigen will ich, über den Sternen des Himmels stelle ich meinen Thron auf ..., werde über die Wolken emporsteigen, ich werde sein wie der Höchste`" (v 13f). Der gestürzte babylonische König (so Jesaja) wurde *Opfer der eigenen Vermessenheit*.

In diesem Motiv erblickte man schon früh eine Analogie zum Fall *Satans*, der ja ursprünglich – als Kron-Anwalt – zum Hofstaat, zur ´Kurie` Gottes gehört hatte. Es galt ja zu erklären, wie es sein kann, dass auf Erden eine Gegenmacht zu Gott existiert und ihr Unwesen treibt. Die Parallelisierung Satans mit dem Fall des babylonischen Königs lag nahe. Jesus sagt einmal: „Ich schaute Satan wie einen Blitz vom Himmel fallen" (Lk 10,18). Ein Echo darauf lautet: „(Hinab) geworfen wurde der große Drache, die uralte Schlange mit Namen Teufel und Satan, der die ganze zivilisierte Welt irreführt, er wurde auf die Erde geworfen und seine Engel mit ihm" (JohApk 12,9). Gemeint ist (s. Apk 12,10) die Entfernung des Anklägers aus Gottes Bereich, weil – darin lag Begründung für seinen Sturz und sein Unwesen auf Erden – er sich an Gottes Stelle setzen wollte. Man kann dies eine mythische *Spekulation* nennen. Jedenfalls will sie erklären, weshalb die Menschen, auch Christen, sich lebenslang einer *Macht* gegenüber sehen, die ihnen einredet, sie könnten ohne Gott und Glauben *gottähnlich* werden. Dergestalt präsentiert sie sich als Alternative zum christlichen Glauben.[24]

---

[24] *F. Nietzsche* bot ungeniert die Alternative *Übermensch*: „Gott ist eine Mutmaßung ... *wenn* es Götter gäbe, wie hielte ich`s aus, kein Gott zu sein! *Also* gibt es keine Götter ..." (Also sprach Zarathustra II, „Auf den glückseligen Inseln")

Teufel und Dämonen

Im NT ist Satan zumeist kein 'Solist'. Im Vorwurf von Schriftge-
lehrten, Jesus treibe mit Hilfe des *Beelzebub* Dämonen aus, begegnen
wir der Anschauung, dass die Dämonen miteinander ein Reich
bilden, dessen Herr Satan oder Teufel (Beelzebub) ist. Im späten Alt-
Israel gibt es erste Dokumente für eine solche Anschauung (zB
Jubiläenbuch 10,8).
In der gesamten Antike verbreitet war die Überzeugung von der
Existenz von Dämonen: Schadensdämonen, Krankheitsdämonen,
Täuschungsdämonen.
Alt-Israel nannte den Schadensdämon *Šed* (שֵׁד, oft mit Beinamen
מַשְׁחִית, Verderber).

Alttestamentler wie *Hermann Seifermann* betrachten als Vollform von *Šed*
(שֵׁד) das Wort שַׁדַּי. El Schaddaj ist eine alte Gottesbezeichnung (Ex 6,3; oft bei
Hiob). Z.B. hat Gott sich bei der Schilfmeerdurchquerung den ägyptischen
Verfolgern als *šēd maš-chit* erwiesen. Israels Gotteserfahrung gebot aber
später, das *šēd*-Hafte aus Gott **zu** lösen und als eigenständige, dämonische
Gestalt zu nehmen.[25]

In spätbiblischer Zeit nahm man an, das Heer der Dämonen
(„Legion" = „viele": Mk 5,9 Par) sei einem *Obersten* unterstellt, mit
Namen Teufel oder Satan. Daher im NT die Tendenz, Widrigkeiten,
Schäden, Böses im weiten Sinne nicht einzelnen Dämonen, sondern
summarisch gleich Satan zuzuschreiben. So entschuldigt sich *Paulus*
einmal bei der Gemeinde von Saloniki, er habe mehrmals versucht,
sie zu besuchen, aber Satan habe ihn gehindert (2Thess 2,18). *Petrus*
bezeugt dem Hauptmann *Cornelius*, Jesus habe „alle geheilt, die vom
Teufel unterjocht waren, denn Gott war mit ihm" (Apg 10,38).
Paulus selbst schreibt sein – uns unbekanntes – Leiden einem „Engel
Satans" zu, der ihn demütige (2Kor 12,7).

---

[25] Der *Schaitan*, wie der Teufel im Koran genannt wird, dürfte auf dieselbe
Wortwurzel zurückgehen.

Das Besondere in neutestamentlicher Zeit ist die Anschauung, die Hindernisse oder Krankheit verursachenden Dämonen stünden unter der Oberherrschaft Satans bzw des Teufels.

Die Bibel teilt also im Wesentlichen die Dämonenüberzeugung der damaligen Völker im Orient. Allerdings entwickelt sie keine Dämonologie (Dämonenlehre), so wenig wie eine Satanologie (eine Lehre vom Satan). Sie nimmt vorhandene allgemeine Überzeugungen auf. Aber sie unterscheidet sich von anderen darin, dass sie die dämonischen „Mächte und Gewalten" *begrenzt* sieht durch Gott selbst. Das NT sieht als wesentlichen Aspekt der *Frohen* Botschaft, mit dem Kommen Jesu, vor allem mit seinem Tod und seiner Auferstehung sei das *Ende* der Dämonenmacht angebrochen. Im Rahmen des Streitgesprächs, wo die Gegner Jesus unterstellen, er heile ("treibe Dämonen aus") in der Kraft des Dämonenherrschers, konfrontiert Jesus sie zuerst mit ihrer Unlogik, um dann anzufügen: „Wenn ich mit Gottes Finger (Mt: mit Gottes Geist) die Dämonen austreibe, ist doch Gottes Herrschaft schon zu euch gekommen (eher, als ihr erwartet habt)!" (Lk 11,20; Mt 12,28). Wo Gott zu euch kommt und ihr es erkennt, haben die Dämonen samt ihrem teuflischen Vorsitzenden ausgespielt! Ihr müsst sie nicht mehr fürchten, als hätten sie das letzte Wort in Leben und Geschichte!

´Existiert` der Teufel?

Aus Sicht der Evangelien entscheidet sich Satans Schicksal an, in Jesu Leidensgeschichte. Vorab bemerken wir eine frappierende *Differenz* zwischen den Evangelisten. Als Jesus den Jüngern erstmals sein Leiden ankündigt, will ihn Petrus vom Leidensweg abhalten („Gott bewahre!"). Nach Mk/Mt schilt Jesus Petrus heftig: *Satan!* Er denke Menschengedanken, nicht Gottes Gedanken! Für Mk/Mt will Satan also den Weg Jesu zum Kreuz *verhindern* – mit Berufung auf Gott!

Auch Lk erzählt die Leidensankündigung, lässt aber den in seiner Vorlage (Mk) enthaltenen Disput Petrus-Jesus ganz weg. Für Lk/Joh kommt *Satan*/Teufel auch ins Spiel – aber *erst mit Judas!* (Lk 22,3f.31f/Joh 13,2.27). Bei Lk/Joh *betreibt* Satan das Leiden Jesu, statt es verhindern zu wollen, bringt es in Gang, indem er sich des Verräters bemächtigt, ihn zum Verrat reizt. Jesu Leiden erscheint daher als Werk Satans. Lk lässt diese Sicht nochmals durchblicken, als Jesus bei seiner Gefangennahme sagt: „hier übt die Finsternis ihre Macht aus" (Lk 22,53).

Aber: die *Entscheidung* fällt *vorher*, in *Gethsemani*, wo Jesus nach allen Evangelisten vor dem todbringenden Leiden zurückschreckt, es aber doch annimmt, als er darin den Heilswillen des „Vaters" erkennt (Mk 14,35f Par; Joh 12,27; 18,11). An diesem Punkt wird alles Wollen Satans *von Jesus überholt*, der sich Gottes Heilsprojekt übergibt, es damit unerheblich erscheinen lässt, ob Satan den Leidensweg verhindern will oder ihn vielmehr betreibt.

Aber – fragen viele, vom biblischen Rollentausch genervt – muss man denn an den Teufel glauben? Muss jemand heute *noch* an Satan, Teufel, Beelzebub oder wie immer glauben?

Die Frage rumort immer wieder. Schon 1969 lud der Tübinger Alttestamentler *Herbert Haag* mit einer kleinen Schrift zum „Abschied vom Teufel" ein. Er wählte das Thema, weil Religionslehrer, letzten Endes also Jugendliche ihm diese Frage stellten. Der ersten Schrift ließ *Haag* weitere Veröffentlichungen zum Thema folgen: umfängliche Werke, die dem Autor das Prädikat „Teufels-

Haag" eintrugen. Die römische Glaubensbehörde allerdings akzeptierte das Ergebnis von Haags Recherchen *nicht*: den „Abschied" vom Teufel. Es kam zu mehreren Verfahren, die schließlich im Sand verliefen: es existiert kein amtliches Dokument, das den Teufel als „Glaubenswahrheit" amtlich definiert. Doch ließ *Joseph Ratzinger* als Präfekt verlauten, nur „oberflächliche Theologen" bestritten des Teufels Existenz. Natürlich kommt er in der Bibel nicht wenig vor – aber lehren jene Passagen zweifelsfrei die Existenz des Teufels oder ist er nur eine Figur des altortientalischen Weltbildes, ja nur eine Redensart? Die römische Glaubensbehörde war im Lauf der Jahrhunderte zwar oft mit der Leugnung der Existenz *Gottes* befasst, doch nie zuvor mit der Leugnung Satans.

Allerdings verteidigen auch nichtgläubige Denker und Dichter die Existenz des Teufels: es falle ihnen leichter, nicht an Gott zu glauben, als nicht den Teufel zu glauben.

Einer von ihnen ist der bekannte polnische Philosoph *Leszek Kolakowski* († 2009). Vom Marxismus kommend, trat er in zunehmende Distanz zur Parteidoktrin, was ihm erst Parteiausschluss, dann den Verlust des Warschauer Lehrstuhls und die Ausreise in den Westen einbrachte, wo er hoch geachteter Lehrer der Philosophie wurde. *Kolakowski* war nicht gläubig im kirchlichen Sinne, aber hoch sensibel für die Bedeutung des Gottes- und Jesus-Glaubens.

In dem Essay „Kann der Teufel erlöst werden?" (von 1974) [26] wandte er sich *gegen* eine Ausscheidung des Teufels aus der Weltanschauung. Sein Plädoyer für Teufel/Satan fußt auf grundsätzlicher Kritik am marxistisch-leninistischen Heilsversprechen.

Dieses Heilsversprechen basiert auf der Überzeugung, der Mensch, die Menschheit könne mit gutem Willen das Böse in der Welt besiegen und in der Welt einen leidfreien Zustand, eine Gesellschaftsordnung herstellen, in der das Böse keinen Platz mehr hat. Dagegen argumentiert *Kolakowski*, das Böse sei ein „stets vorhandener Teil der Welt", könne „nicht völlig beseitigt", eine „universale Versöhnung nicht erwartet werden". Vermutlich dachte er auch an die

---

[26] Zitiert nach *Leszek Kolakowski,* Leben trotz Geschichte – Lesebuch (München-Zürich ²1977), 187-201

schlimmen Erfahrungen, die seine Familie, seine Heimat mit NS-Besatzung und Gestapo machten.

Es gibt nach *Kolakowski* „ein Stück Böses, das nicht ausgerottet werden kann, etwas Unheilbares in unserem Elend". Das meine nicht, das Böse und das Elend seien ewig; doch hätten wir „keine Mittel herauszufinden, was von uns abhängt und was nicht". Wir seien außerstande, die Ambivalenz unserer Motive und Handlungen zu überschauen. *Mehr noch*: die Annahme, die Menschheit könne es künftig, innerhalb ihrer Geschichte, zu einem von Leid und Bosheit freien Zustand bringen, hätte als Konsequenz, dass all ihre Taten und Versäumnisse der Vergangenheit Absolution erhielten – einschließlich die unserer Gegenwart, sodass auch das, was wir hier und heute tun oder lassen, von der künftigen Menschheit die Quittung der Unschuld empfinge. Zudem müsste ein irdisches Paradies Zufriedenheit und Kreativität vereinen; doch gebe es keine Kreativität ohne Unzufriedenheit, das heißt, ohne Leiden. Völlige Zufriedenheit bedeute Stillstand, Tod. Wir Menschen trügen zwar die Befreiungs- und Erlösungshoffnung in uns, seien aber außerstande, deren Bedingungen zu definieren. Unsere Bestrebungen seien ja nicht nur von Edelmut, sondern zB auch von Eitelkeit, Geltungstrieb, Neid, Eigensucht, gar Hass geleitet. Keines der Güter, die Menschenhand hervorbringt, sei davor gefeit, als Werkzeug des Teufels benützt werden zu können. Realistisch betrachtet, sei der „moralische Sieg des Bösen jederzeit möglich". Der Traum von innerweltlicher, vollständiger Befreiung und Erlösung sei „nur Verzweiflung im Mantel der Hoffnung". Daher sind für *Kolakowski* Namen wie Teufel, Erbsünde – als Namen unserer bleibenden Unheilssituation – unentbehrlich für die Rettung wahrer Humanität, auch für einen der Grenzen bewussten Sozialismus.[27] In christlicher Sicht umreißen *Kolakowskis* Überlegungen bleibende Voraussetzungen für den Sinn der Rede von Gott und seinem Heilsengagement.

---

[27] *Kolakowski* kritisiert hier den *Hegel*'schen Duktus im Historischen Materialismus. Daher scheiterte 1970 die von *J. Habermas* vermittelte Übernahme des Frankfurter *Adorno*-Lehrstuhls am Widerstand der Philos. Fachschaft (Studenten), die ihm mangelnde marxistische Linientreue vorwarf.

Kolakowski antwortet nicht platt auf die Frage, ob es den Teufel gibt oder nicht. Vielmehr tritt er für die Unentbehrlichkeit des Teufels als fester Größe für humane Weltanschauung und -veränderung ein: *human*, weil die Ernstnahme des Teufels die Weltgestalter vor Illusionen über sich selbst und die menschlichen Grenzen bewahre. Für *Kolakowski* ist die Teufel genannte Realität unentbehrlich für wahre, ihrer Grenzen bewusste Humanität. Auch wenn er also auf unsere oben gestellte Frage nicht eingeht, helfen seine Überlegungen, die Frage nach Satan/Teufel nicht leichtfertig abzutun.

Wie ist die geistige Situation in Europa heute? In Predigt und Unterricht wird der Teufel oft ausgespart. Auch meinen (im Sinne *Bultmanns*) Theologen, theologisch Gebildete und wenig Gebildete, im medizinisch-technischen Zeitalter habe sich der Glaube an Geister und Dämonen „erledigt".

Christen müssen ja zuerst *unterscheiden*: Christen glauben *nicht an* den Teufel! Sie glauben an Gott, an Jesus Christus. Doch ´realisieren` sie den Teufel in Gestalt förmlicher, ausdrücklicher *Absage*! Im Osternacht-Gottesdienst *widersagt* die versammelte Gemeinde dem Teufel im Rahmen der Tauf-Erneuerung. Sie widersagt „all seinem Gepränge", dh all „seinen Verlockungen", Illusionen und Aufblähungen, heißt: sie widersagt dem, was von Satan her Glauben und christliches Leben zerstört, sie widersagt seiner Macht und Wirkung, dem Diabolischen, widersagt also – dem Sinne nach – einer Lebensführung, die Gottes Gebote missachtet und seine Menschenfreundlichkeit verleugnet. Statt ´an den Teufel` zu glauben, will der Christ sich Gottes Heils-Willen unterstellen in Nachfolge der Selbsthingabe Jesu in Gethsemani. *Er wendet sich* Gott und seinem erlösenden Willen *zu* und von Satan *ab*!

Eine Äußerung von *Mahatma Gandhi* erhellt das Gemeinte. Sollte ihm, schrieb er einmal, jemand beweisen können, dass Jesus nie gelebt habe und die Evangelien Phantasieprodukt von Dichtern seien, wäre „die Bergpredigt ... immer noch wahr für mich". [28]

Dieses Votum zugunsten der Wahrheit der Bergpredigt lässt sich umkehren und negativ auf den Teufel anwenden: Sollte jemand

---

[28] Zitiert nach *M. Gandhi*, Freiheit ohne Gewalt (Köln 1968), 123

beweisen können, dass Teufel und Dämonen als eigene Wesen nicht existieren, sind die negativen, versucherischen, menschenfeindlichen, zerstörerischen Mächte und Kräfte in der Welt dennoch erfahrbare Realitäten, denen jeder Mensch ausgesetzt ist.

Ähnlich dachte auch *Kolakowski*. In „Des Teufels Pressekonferenz" lässt er den Teufel sagen, es sei nicht wichtig, dass man seine Existenz leugne; wichtig sei allein, „dass das Werk der Vernichtung nicht stockt".[29]

---

[29] Zit nach *Kolakowski* (Anm. 26), 202 (- 217).

Existiert der Teufel im Menschen?

Seit *Herbert Haags* Vorstoß halten theologische Bemühungen an, einen *personalen* Satan als *inexistent* zu erweisen. Für *Haag* ist von Anfang an allein der Mensch selbst verantwortlich für das Böse.

Der evangelische Neutestamentler *Gerd Theißen* veröffentlichte dazu eine Abhandlung.[30] Er legt dar, dass der Teufel in allen drei westlichen Hochreligionen benötigt wird, um „das Böse in der Welt zu erklären". Der *Monotheismus*, der den guten, gnädigen Gott propagiert, hat (anders als der Dualismus) keinen Platz für einen bösen Gegengott: Der gute Gott ist der Schöpfer. Böses, Unheil müssen auf das Konto von Geschöpfen gehen.

Die biblische Grundüberzeugung spiegelt das *Buch der Weisheit*: „Gott hat den Menschen zur Unvergänglichkeit erschaffen und ihn zum Bild seines eigenen Wesens gemacht. Doch durch den Neid des Teufels kam der Tod in die Welt, und ihn erfahren alle, die ihm angehören" (2,23f).

Die Spätschriften des AT und die außerbiblisch-spätjüdische Literatur erwähnen Teufel und Dämonen so gut wie nie; ihre Glaubens- und Geschichtsdeutung kommt ohne sie aus. Vermutlich spielte der Teufel im *Volksglauben* eine größere Rolle als in Israels religiös maßgeblichen Schichten. Er war nie offizieller Bestandteil des jüdischen Glaubensbewusstseins.[31] Eher rechnete man mit bösen Dämonen, wie zB im Buch *Tobit*, später im Chassidismus.

Die *Realität Teufel* sieht das offizielle Judentum *im Menschen selbst*: das Böse sei keine selbständig-äußere Macht, sondern sitze im Menschen selber, im *bösen Trieb*, dem Gegner des guten Triebs. Der zeige sich zB in Habgier oder Neid, sei aber dem Menschen

---

[30] G. *Theißen*, Monotheismus und Teufelsglaube: Entstehung u. Psychologie des bibl. Satansmythos, in: *N. Vos / W. Otten* (Hg), Demons and the Devil in Ancient and Medieval Christianity, Suppl. Vigiliae Christianae 108 (Leiden / Brill 2011), 37-69.

[31] Satan u. Dämonen sind nicht berücksichtigt zB in *P.N. Levinson*, Einführung in die rabbinische Theologie (Darmstadt ²1987), noch in: *J. Petuchowski / C. Thoma*, Lexikon der jüdisch-christl. Begegnung (Freiburg/Br ²1994)

unverzichtbar, weil er auch die Selbstbehauptungskraft begründe.[32]
Beim Apostel *Paulus* kehrt das Begriffspaar böser Trieb/guter Trieb *modifiziert* wieder in der Dualität von „Fleisch"/„Geist" (*Pneuma*). Die äußere Dualität Teufel – Gott erscheint bei *Paulus* anthropologisch verinnerlicht: „Ich weiß, dass in mir, d.h. in meinem Fleisch, nichts Gutes wohnt. Zwar habe ich Wollen, aber das Gute vollbringen kann ich nicht" (Röm 7,18). Denn „das Sinnen des Fleisches ist *feindlich* gegen Gott...Wer vom Fleisch bestimmt ist, kann Gott nicht gefallen" (Röm 8,7f).

„Feind" ist in den Evangelien ein Kürzel für Satan.

„Fleisch" meint daher nicht bloß die Körperlichkeit oder Sinnlichkeit. „Fleisch", griechisch σάρξ, ist wörtliche Übersetzung von *basar* (בָּשָׂר): Sammelbegriff für menschliche Schwäche und Hilfsbedürftigkeit. Die *Hilfe*, die *Gott* dem schwachen Menschen, d.h. *dem Fleisch*, gewährt, heißt bei *Paulus,* in den Evangelien (v.a. Joh-Evangelium) „*Geist*", ´Atemhauch` Gottes (πνεῦμα, hebr. רוּחַ).

Traditionelle christliche Erziehung rechnete zwar mit der Realität Teufel, hob zugleich aber stets darauf ab, dass der gläubige Mensch dem Teufel in seinem Inneren begegne, in der Auseinandersetzung mit seinen inneren, konträren Strebungen, Trieben und Begierden. Das bekannte Wort „Euer Widersacher, der Teufel, geht umher wie ein brüllender Löwe, suchend, wen er verschlingen kann" (1Petr 5,8) lässt sich leicht deuten auf die Begierde, die Habgier, die „niederen Motive" im Menschen selbst. Nüchterne (gesunde) Glaubenserziehung betonte stets, der Mensch im Ringen mit den ´zwei Seelen` in seiner Brust möge sich an Gott um Hilfe („Hl.Geist", Gnade) wenden. Sie nahm die satanische Realität ernst, sah aber die normale Auseinandersetzung mit Satan nicht draußen, sondern innen, im Menschenherzen: in die Menschenfreundlichkeit befehdenden Bestrebungen.

Hier wirkte *das Ringen des Paulus zwischen Fleisch und Geist* (Röm 7) *modell*haft. Zwar redet *Paulus* anderswo unbefangen von Satan

---

[32] Vgl. *Levinson*, 57ff; s.o. Jak 1,14f.; *G. Häfner* zur letzten Vaterunser-Bitte: CiG Nr.28/29 (2014), 319. 327.

und Dämonen wie von einer äußeren Realität, doch legte er den Grund für jene Sicht, die den Kampf zwischen Satan und Gott *ins Innere* des Menschen verlegt.

Was ist „böse"?

Nochmals *Kolakowski*: Seine Kritik an einer den Teufel ´entmytho-logisierenden` modernen Theologie geht über obige Bibelzeugnisse hinaus. *Goethes* Wort vom „Geist, der stets verneint", hat es ihm angetan. Er nennt das Böse „jene Vernichtungskraft, die weiter nichts will als zerstören", einen „Zerstörungshunger", wo die Schaffung von Leid und Tod „Selbstzweck" ist.[33]

Zweifellos gibt es Menschen, die aus purer Lust an der Zerstörung handeln. Doch ist damit der Gehalt, das Wesen des Bösen voll getroffen?

Wie *Augustinus* geht *Thomas von Aquin* davon aus, dass alles Geschaffene im Wesen *gut* ist. Auch jeder Übeltäter oder Bösewicht, der böse handelt, wolle ja durch sein Tun irgendein Gut erreichen. Weil aber sein Handeln die Schöpfungs-Ordnung der Welt verletzt, lädt er Schuld auf sich: er schuldet oder bleibt schuldig einen Teil des Guten, das ´gesollte` Gute (zB Eigentum seinem Besitzer). Das Böse liege also im menschlichen Willen, nicht in der Sache (STh I-II q 18).

Benedikt XVI. bestimmt das „Böse" in der letzten Vaterunser-Bitte bildhaft anhand des Drachens in der Joh-Apokalypse (Kap.12-13). *Böse* sei der totale Anspruch einer weltlichen Macht auf Menschen, einer Macht, die sich als allmächtig, totalitär, unbedingten Gehorsam fordernd gebärdet, so gottgleiche Insignien usurpiert.

Ein Verständnis des Bösen, anknüpfend an die biblische *Versuchung Jesu,* erscheint wegweisend. Die Verführungskunst des Teufels geht hier nicht auf pure Negation, sie offeriert Jesus quasi eine *Unter*bie-tung seiner Berufung durch Gott, lenkt sein Interesse auf weltlichen Machterwerb, suggeriert zugleich aber, ihr Angebot *überbiete* das von Gott Angebotene.

Böses kennt die Bibel als etwas, das Gottes Einladung und Ruf ver-fälscht - unterbietet und sich zugleich als Überbietung darstellt. Das Böse lässt Gottes Angebot entweder als zu hoch oder zu niedrig/klein erscheinen, entwertet es in menschlichen Augen. Zu hoch,

---

[33] *Kolakowski* (Anm.26), Des Teufels Pressekonferenz, bes. 208f

„abgehoben", bringt weder dir etwas noch der Gesellschaft. Zu niedrig: davon hast du doch nichts! Idealisten gehen leer aus!

M.a.W will der Versucher den *Adam* in Jesus locken. Die Natur – etwa Brot; Karriere: nach oben kommen, oben stehen: das ist doch gut! ´Egoismus ist gesund`, ´Geiz ist geil`! Wenn du es nach ganz oben geschafft hast – *deine* Chance –, werden alle profitieren!

Nun ja - nicht alle. Sich anstrengen muss jeder. Immer gibt es Gewinner und Verlierer. So ist die Welt und ihr Gesetz! Wär`s nicht gut, wär`s nicht so geregelt.

Genau hier bringt der biblische Gott einen anderen Ton herein: „der Adam für sich allein ist nicht gut" (לֹא־טוֹב הֱיוֹת הָאָדָם לְבַדּוֹ Gen 2,18). Nicht gut = böse! Wo der adamische Mensch für sich allein schalten und walten darf, wird es *ungut*, *böse* (wie sich schon an kleinen Kindern zeigt)! Das ist es, was Jesus dem Versucher entgegenhält. Dieses ganze System – Brot zum Essen, Gewand zum Kleiden, Haus zum Wohnen, Auto zum Fahren etc – *allein* ist nicht gut!

Es gilt zu unterscheiden: Was die Natur gibt, die Natur lehrt, ist wichtig, nicht selten heilsam, doch *für sich allein* nicht gut. Nicht vom Brot allein lebt der Mensch, לֹא עַל־הַלֶּחֶם לְבַדּוֹ יִחְיֶה הָאָדָם zitiert Jesus (Dtn 8,3) und entlarvt so, dass der Versucher ihm genau das weismachen will: Brot allein, Natur allein, Adam allein sei schon gut oder gut genug.

Was aber ist gut? Dass der Adam lebe von allem, was aus Gottes Mund kommt (עַל־כָּל־מוֹצָא פִי־ יְהוָה יִחְיֶה הָאָדָם). Warum ist das gut? Antwort: weil der Mensch von den Gütern, die die Erde hervorbringt, und die er, von ihr belehrt, erzeugt, allein nicht leben kann. Allein auf sie gerichtet ist er umstellt von Bösmächten, Todesmächten. Aus der Natur *allein* erntet und erzeugt er Leben, Chancen, zuletzt aber Tod (seinen, Tod von anderen).

Das verschweigt der Versucher und nährt die Vorstellung „eines Tages wird die Menschheit auch den Tod besiegen" (zumindest für die, die ´es sich leisten` können).

Die *Chaosmächte* sind *natürlich*, sind *Natur*, die auch Unglück, Katastrophen, Erdbeben, technisches, menschliches Versagen aus sich entlässt. Die vielgerühmte Exaktheit von Erkenntnissen,

Berechnungen, Prognosen stößt an *natürliche* Grenzen (auch im Menschen selbst).

Wenn Katastrophen geschehen - ein Erdbeben, ein Tsunami mit zigtausend Toten -, klagen Überlebende: Die Natur ist böse! Aber: Im *End*effekt ist von der Natur *nichts anderes zu erwarten*! Am Ende, an ihren Grenzen wird sie sich immer wieder ´böse` zeigen, wird den Menschen, der allein ihr vertraut, zum Verlierer machen. Natur *allein* ist "böse". Glaube an Natur *allein* ist fatal.

Im Hintergrund steht das Gesetz der Entwicklung, der Evolution: die Natur ist nicht statisch, der Planet bewegt, verändert, entwickelt sich wie das gesamte Weltall: alles Neue kommt auch aus Resten des Alten, aus Ruinen.

Erinnern wir uns an die Heilungstaten Jesu. Er begegnet Menschen oder man bringt zu ihm welche, die haben nicht erst am Ende, sondern zu Lebzeiten, manchmal von Anfang an Böses von der Natur allein erfahren: Blindgeborene, Erblindete, Gelähmte, Gekrümmte, chronisch Blutende, Aussätzige, Taubstumme, psychotisch Kranke („Besessene"), Sterbende, ja Tote. Natur allein ist ´böse`.

Jesus trifft Menschen, von anderen gemobbt, verstoßen: Isolierte, Betrogene, Verachtete, Verfolgte. Und er begegnet Menschen, die Opfer natürlich verursachter Leiden sind. Er *wendet sich ihnen zu, nimmt sie an* als hier und jetzt Wichtige, *kümmert sich um sie*, macht sich ihren Kummer *zueigen* und schenkt ihnen *Erbarmen*, jene heilende Gabe und Zuwendung, die der reinen Natur meistens fremd ist, die darum *als göttlich erkannt* wird. *Barmherzigkeit heißt* der belebende, Leben spendende *Atem, der von Gott ausgeht* und dem alles, was ist, sein Dasein verdankt. Erbarmen *ist das Gute*. Fehlt es, ist die Welt im Argen und im Griff der Bös-Mächte.

Jesus also praktiziert, demonstriert quasi täglich, was das ist: Befreiung, Erlösung vom Übel/ vom Bösen. Die letzte Vaterunser-Bitte ist nicht bloß als passive Hoffnung oder Erwartung zu Gott hin gemeint, dass *er* sich rühre, etwas tue. Vielmehr sind die Vaterunser-Beter einbezogen.

Wir sahen das bei der Erörterung der Perikope vom *Blindgeborenen* (Joh 9): Die Jünger begegnen einem von Geburt Blinden und machen aus ihm ein theoretisches Problem: Wer hat gesündigt, er oder seine Eltern, dass er zur Strafe blind geboren wurde? Jesus verwirft diese Logik: weder er noch seine Eltern. Vielmehr soll *jetzt*, da sie ihm begegnen, Gottes schöpferisches Erbarmen an ihm aufleuchten (v 3). Er wendet sich dem Blinden zu, und als der vom Teich Schiloach zurückkommt, ist er von seinem Leiden geheilt. Jesus verhilft ihm zu neuer Lebensqualität, gibt so den Jüngern und Christen ein Beispiel: Macht euch *nicht wie die anderen* dem "bösen Schicksal" untertan, *werdet vielmehr selbst* nach Kräften *zum guten Schicksal für* Menschen, mit denen die Natur böse verfährt.

Lehrreich ist auch die *Parabel vom armen Lazarus* (Lk. 16,19-31)

Es war da ein Herr – ein angesehener, vermögender Herr (d.h. eine „very important person"/VIP),– *der sich* wie ein König *in Purpur und Seide kleidete; er vergnügte sich alle Tage glänzend* (genoss das Leben). Sein Leben – ein Fest.

Es war da aber ein Armer (*ein armer Kerl*). Lk nennt ihn *Lazaros*, der Name ist *Signal*: der Name ´Lazaros` ist zusammengezogen aus ´El azar`, zu Deutsch: ´Gott hilft`. Der Name *sagt*: Pass auf, wenn du dies jetzt hörst oder liest: Gott greift ein!

Arme waren in damaliger Gesellschaft weder Tagelöhner noch Arbeitslose, sondern Menschen, die *schicksalhaft* – durch Unfall, Krankheit, Tod des Partners, Unwetter, Krieg, Schulden – ihren Status verloren, ins Elend gerieten. Bettelarme, die selten älter als etwa 30 Jahre wurden. *Lazarus* war ein noch junger Mann, doch todkrank mit eitrigen Wunden und Hungerödemen. *Er lag* zum Sterben *vor der Tür* des feinen Herrn. Genauer übersetzt: *es hatte ihn hingeworfen vor die Tür, er war hingeworfen* – die Leidensform deutet in der Bibel oft auf eine Tat Gottes: *Gott* selbst *hatte ihn* dem reichen Herrn vor die Tür *gelegt*. ER möchte dem Armen zu Hilfe kommen in Person dieses *Herrn*! Denn (wörtlich übersetzt) *es gierte den armen Hungernden nach Sättigung wenigstens von dem, was vom Tisch fiel*: Stücke der Brotfladen, welche die Essenden zum Abwischen der Hände brauchten und dann unter den Tisch warfen.

Mit geringsten Mitteln hätte der Reiche helfen können.

Anstelle der Brotstücke, dem Schwerkranken vorenthalten, erscheinen streunende Hunde, „Stadthyänen", nach Abfällen und Kadavern suchend: sie lecken seine Wunden – er ist zu schwach für Gegenwehr; nach seinem Ende werden sie ihn fressen. Das wird seine Bestattung sein. Lk stellt den Armen als ´lebenden Leichnam` vor, dem Abfall gleich, der aus dem Haus geschafft, über die Mauer *geworfen* wird.

Und da war`s, der Arme starb – es war ja nur eine Frage der Zeit.

Auch der Reiche starb und *wurde bestattet* (!).

Auch damals geschah Bestattung eines VIP mit großem Pomp: der Tote wurde gewaschen, weiß gekleidet, aufgebahrt, mit Blumen bestreut, öffentlich beklagt: „eine große Leich`" (wie der Volksmund sagt). Bestattung war Vorrecht der „Großkopfeten". Arme Leute wurden in ein Tuch gehüllt und irgendwo verscharrt, falls sie nicht Opfer der Abfallbeseitiger wurden.

Als der Bettelarme stirbt, wird daher nichts von Bestattung gesagt. Wir hören vielmehr: *er wurde weggetragen von den Engeln in den Schoß Abrahams.*

Die Engel *und* die Leidensform *wurde weggetragen* weisen hier auf Gottes Tat. *Gott nahm sich seiner an,* zärtlich, liebevoll, wie eine Mutter ihr übel zugerichtetes Kind zu sich auf den Schoß, an die Brust nimmt. Den Bettelarmen hat Gott sich erkoren und nimmt ihn in seinen Schutz.

Erinnern wir uns, dass Jesus einmal warnt: *Verachtet nicht einen von diesen Kleinen, denn ihre Engel schauen unausgesetzt das Antlitz meines Vaters im Himmel!* (Mt 18,10)

Abraham ist für Israel die Urgestalt des Gläubigen, zugleich der Anwalt göttlichen *Erbarmens* (Gen 18,20ff). Die Überlieferung sagt, die gerecht Befundenen dürften eingehen zu den Vätern Abraham, Isaak und Jakob (4 Makk 13,17): Israels „Gemeinschaft der Heiligen".

Der feine Herr ist in der „Unterwelt"– das Altertum stellte sich eine geräumige Höhle vor, quasi das Ur-Grab, fern der Sonne, fern dem Leben, fern von Gott. Im Lauf der Zeit dachte man diese Toten-

Höhle aufgeteilt in Kammern für die Gerechten und solche für die Ungerechten. Der zu Lebzeiten reiche, verwöhnte Herr findet sich wieder *in Qualen*.

Die Qualen deutete man schon früh vor allem als Seelenqualen. Die Ungerechten sehen ja das schöne Los der Gerechten, ihr Leben unter Gottes Schutz. Sie erkennen, dass sie, die Ungerechten, das Lebensglück in Wahnhaftem, Vergänglichem gesucht und es so verfehlt haben: Diese Einsicht bewirkt Scham – die Art Scham, die im Ansatz jeder kennt, der durch sein Verhalten in nicht wieder-gut-zu--machender Weise sich Menschen seines Umfeldes entfremdete.

Der einst Reiche appelliert an Abrahams *Barmherzigkeit*: Abraham soll Lazaros ihm als Diener, als Pfleger abstellen. Er spricht mit Abraham wie ein Herr zum anderen Herrn: Lazaros *soll die Fingerspitze in Wasser tauchen, meine Zunge kühlen; diese Flamme macht mir Schmerz!* Man kann hier an Durst mit Sprachschwierigkeiten denken. Er erbittet eine lindernde Geste, wie für fiebernde Kranke; jenes bisschen Mildtätigkeit, das *er* zuvor dem vor seiner Tür Liegenden versagt hatte.

Die Schilderung mischt Anschauliches mit dem geistigen Gehalt. Die Alten wussten: tief drunten ist die Erde heiß, lässt an manchen Stellen heiße Dämpfe aufsteigen.[34] Die Flamme aus dem Evangelium brennt jedoch *im* reichen Herrn.

Woher aber das Wasser, wovon Lazaros eine Fingerspitze bringen soll? Ein Wasserquell entspringt nach alter Meinung in der Höhle, wo die Gerechten sind – Wasser bedeutet *Leben!*

Abraham, vom Reichen „Vater" genannt, redet ihn an: „Kind". Der Ungerechte bleibt sein Kind, doch ein verlorenes Kind, das – früher ein großer Herr – jetzt klein geworden ist, auf seine wahre Größe gestutzt: *Denk daran, du hast alle guten Dinge durch deine Lebensführung schon in Empfang genommen, Lazaros aber die schlechten; jetzt wird er hier getröstet, du aber hast Schmerzen!*

---

[34] Eine deutliche Vorstellung geben noch heute zB die „campi flegrei" nahe Neapel, die „brennenden Felder" der Vulkanlandschaft!

Die Botschaft, die sich einprägen soll, heißt: über dem Menschenleben waltet nicht Zufall und blindes Schicksal, sondern Gerechtigkeit, die zumal Arme und Schwache im Blick hat: Hättest du Lebensgüter mit Lazaros geteilt, wärt ihr beide hier vereint, würdet auch hier das Leben teilen. Aber nun *ist eine große Kluft zwischen uns und euch aufgerichtet, da ist kein Durchkommen weder von euch noch von uns:* die Kluft hier entspricht der Kluft, die zwischen deinem Haus war, zwischen deinem Tisch und Lazaros vor der Tür. Entsprechend hat *Gott* hier die Kluft aufgerichtet: *Er* selbst ist die Kluft; scheidet Unbarmherzigkeit von Barmherzigkeit: *unvereinbar* wie Tod mit Leben!

Lk veranschaulicht hier Jesu Wort in der Feld- (Berg-)Rede: *Wehe euch, ihr Reichen, ihr habt euren Trost schon gehabt! Wehe euch, die ihr jetzt satt seid, ihr werdet hungern!* (6,24f)

Entsprechend singt Maria: *Hungernde füllt er mit Gütern und Reiche schickt er leer fort* (1,53).

Noch einmal fordert der herzlose Reiche *Lazaros* als Diener an: seine fünf Brüder zu warnen, die ähnlich sorglos leben wie er. Damit verrät er sich und die Brüder als Ungläubige, als Gott-Ahnungslose. Solche Leute machen Sprüche wie „Es ist noch keiner von den Toten gekommen und hat erzählt ..." Und käme mal einer, würden die Lebenden ihn sorglos auslachen.

Konsequent lehnt Abraham das Ansinnen ab: *sie haben das Gesetz (Mose) und die Propheten!* Die sagen, was Sache ist: *Brich dem Hungrigen dein Brot, und die im Elend sind ohne Obdach, führe ins Haus! Siehst du einen nackt, kleide ihn !* (Jes 58,7). Und: *Wer seine Ohren verstopft vor den Schreien des Armen, der wird einst auch rufen und nicht erhört werden* (Spr 21,13).

Befreie uns vom Übel/vom Bösen! ist konkret, praktisch: wir sollen mit unseren Möglichkeiten, statt böse, Befreier, Erlöser werden, in diesem Rahmen *Gott* werden für jene, die verlassen sind.

Antichrist und satanische Versuchungen

Wie kann man die Rede vom „Antichrist" (Gegen-Christus) verstehen? Sie ist eine christliche Deutung der jüdisch-endzeitlichen Erwartung des Kampfes mit *Gog und Magog* (s. Apk 20,8): *Paulus* sieht einen „Gesetzlosen" (ἄνομος) kommen, d.h einen Gottlosen, der sich als der Starke aufführen und durch entsprechende Propaganda (zB ´Gott ist überholt, Christentum ist Schwäche, Feigheit`) beeindrucken, sich empfehlen will. Er werde viele zu sich herüberziehen (vgl. 2Thess 2,3-12).

Entsprechendes sagt Jesus in den Endzeitreden der Evangelien insofern, als er warnt vor *falschen Christussen* (Pseudo-Christusse: *Mehrzahl*) und falschen Propheten, die Zeichen und Machttaten tun, um die Christen zu verführen (Mk 13,22 Par).

Theißen zitiert ein Beispiel aus dem sich ausbreitenden *Satanismus* der letzten Jahrzehnte:

„Sehet das Kreuz, was symbolisiert es? Bleiche Inkompetenz, die an einem Baum hängt" (34)

„Liebe deine Feinde und tue denen Gutes, die dich hassen und ausnutzen. Ist das nicht die Philosophie des Spaniels, der sich auf den Rücken rollt, wenn man ihn tritt? ... Wer die andere Wange hinhält, ist ein feiger Hund" (a.a.O. 36). *Oder:*

„Gesegnet sind die Starken, denn sie werden die Erde besitzen – verflucht die Schwachen, denn sie werden unter das Joch kommen ...Gesegnet sind die Mächtigen, denn sie werden von den Menschen verehrt werden; verflucht sind die Schwachen, denn sie werden ausgelöscht werden". „Der höchste aller Feiertage in der Satanischen Religion ist der eigene Geburtstag, denn jeder Mensch ist ein Gott" (97).[35]

Nun kann man sagen: das hatten wir doch schon – Ablehnung, ja Verwerfung des Christentums mit Berufung auf Natur und Auslese der Stärksten, die den Lebenskampf überleben und sich fortpflanzen

---

[35] *Theißen* aaO, 62 Anm.37; vgl. *A. Szandor La Vey*, Satanische Bibel (Berlin ²1999), zit. von *Theißen* nach *A. Fromm*, Satanismus in Deutschland (München 2003), 31

(siehe *Nietzsche;* siehe *Hitler*, Mein Kampf; *NS*-Staat). Ja, wir hatten es schon – aber neue Generationen *ohne* lebendige Erinnerung an die Katastrophe sind wieder empfänglich, einfangbar für die scheinbar plausible Logik antichristlicher Propaganda des Naturalismus.

Das ahnten Evangelisten und *Paulus* voraus, weil sie die menschliche Psyche kannten mit ihrer Fähigkeit zur Gemeinheit, sie hatten sie ja erlebt. Sie wussten: *Verführbarkeit zum Bösen* ist eine *Konstante* der menschlichen Natur, sie wechselt nur die Farben, wie der Propagandist: ein geschichtliches Chamäleon. Jede Zeit hat ihre „Antichristen" – unter variierenden Vorzeichen und Farben.

Ein lateinamerikanischer Revolutionär, in Straßenkämpfen gegen den Diktator des Landes aktiv, verlor dabei seinen besten Freund und kam schließlich (wie der „verlorene Sohn" am toten Punkt) zur Besinnung, erkannte: Der Diktator steckt *in jedem von uns*, ebenso wie die Atombombe!

Unabhängig von der Spekulation, ob der Teufel „existiert" (analog zu meiner, deiner Existenz?) oder nicht, schärft die Schlussbitte des Vaterunser die Einsicht: Der Teufel steckt in uns; ich vermag Teuflisches (Anti-Göttliches) zu planen und zu tun, wir sind (der Chance, Fähigkeit nach) der oder ein Teufel, können gar, wie Petrus bei Jesu 1. Leidensankündigung, glauben, im Einvernehmen mit Gott zu sprechen, zu handeln, ohne zu merken, dass wir situativ "des Teufels" sind.

Von solchem Bösen wollen Christen im Vaterunser-Gebet befreit werden, wie der erwähnte Revolutionär befreit vom Diktator in ihm selbst. Daher die Bitte „Befreie/erlöse uns vom Bösen (Übel)"!

Positiv: *Eröffne uns Begegnungen, Situationen, wo wir aus uns heraus auf andere zugehen, einander uns zuwenden, einander uns erbarmen und damit frei werden vom Bösen des Ego-Triebs, des Für-sich-leben-Wollens, Sich-aus-klinkens aus dem Miteinander und Füreinander! Lass unser Leben geist-lich, geist-voll, voll deines guten, solidarischen Geistes werden!*

Wird der „liebe Gott" auch „böse" ?

Gehen wir noch ein Stück tiefer.

Wir sahen: im 2. Buch Samuel ist es *Gott*, der *David* zur Volkszählung verführt und dann in seinem Grimm eine Pest über das Land schickt.

Vergleichbares liest man im 1. Buch Samuel: der junge *David* gerät bei König *Schaul* in Verdacht, und der trachtet ihm nach dem Leben. Während *David* vor ihm musiziert, wirft *Schaul* zwei Mal einen Speer nach ihm. Er tut das nicht leichtsinnig, sondern weil *ein böser Gottesgeist* auf ihn einwirkt (רוּחַ אֱלֹהִים רָעָה 1Sam 18,10; 19,9).

Diese Aussage wird in der Bibel nirgends korrigiert (anders als 2Sam, wo Gott *David* zur Volkszählung verführt) in dem Sinne, dass etwa Satan *Schaul* zum Speerwurf angestachelt hätte. Wir hören also zwei Mal vom *bösen Gottesgeist*, der Schaul die Mordlust gegen David eingibt.

Gleichzeitig erfahren wir, dass derselbe Gott „mit David ist", wie es ausdrücklich heißt (v 28). Wie *David* wegen seiner Beliebtheit für *Schaul* zu einem „Bösen" wird, wird auch Gott, der mit *David* ist, *Schaul* zum „Bösen", weil der in Eifersucht auf *David* zutiefst *gegen Gott* agiert. Der „böse Gottesgeist" in *Schaul* ist wohl Ausdruck für dessen vorausgehende *Verwerfung* durch Gott.

Hierzu gehört auch die Rede, dass Gott selbst Menschenherzen *verhärtet*/verstockt (חזק Pi; LXX σκληρύνειν), sie also unzugänglich macht für sein Wort, wie Gott am Pharao tut, der die Moseschar nicht ziehen lassen will (Ex 4,21;10,20 u.ö.); Ähnliches vermutet *Paulus* für Israel (Röm 9,18).

Vergleichbares meint wohl der greise *Simeon,* wenn er zu Maria über ihr Kind sagt: „Dieser wird gesetzt zum Fall und zum Aufstehen von vielen in Israel und als Zeichen, das Widerspruch erregt ..., damit das Sinnen und Trachten vieler Herzen aufgedeckt wird" (Lk 2,34f). Dieses Kind wird die Herzen bloßlegen, viele werden dadurch aufgerichtet werden, andere zu Fall kommen und hassen.

Der Gott, den Jesus verkündet, ist also nicht bloß „lieb", er kann ein „böser Gott" sein für jene, die ihn hindern wollen und ihm entgegenarbeiten. Darum wird er für den unbarmherzigen Reichen zur unüberwindlichen *Kluft*, die von Lazarus trennt, so wie er auch zur *Flamme* wird, in der der herzlose Reiche brennt. Die Warnung des *Jesaja* an das Bundesvolk, sein Gott, Herr der Heerscharen, sei in seiner Heiligkeit ein Stein, an dem man zu Fall kommen, an dem man zerschellen kann, wird bei den *Synoptikern* auf den „Eckstein" Jesus angewandt: an ihm kommen auch viele zu Fall, und auf wen er fällt, der/die wird von ihm "zermalmt" (Jes 8,14f; Mt 21,44; Lk 20,18).

Diese harten Aussagen, die schlecht zum populären Bild vom „lieben" Gott passen, sind Aspekte von Gottes *richtender* Konsequenz. Gottes in Jesus Christus eröffnete Botschaft ist nicht einfach ein freibleibendes Werbe-Angebot` im handelsüblichen Sinn, sondern tiefe, intimste Herausforderung. Das Wesentliche erläutert bündig das Joh-Evangelium: „Gott sandte den Sohn in die Welt, nicht damit er die Welt richte, sondern damit sie durch ihn gerettet würde. Wer auf ihn vertraut, wird nicht gerichtet; wer (ihm) nicht traut, *ist schon gerichtet*, weil er kein Vertrauen gesetzt hat in den Namen des einziggeborenen Sohnes Gottes" (Joh 3,17f).

Gott also ist *hart, böse* zu einem Menschen, der ihm Glauben verweigert. Man darf das nicht platt nehmen, als sei Gott in seiner Ehre gekränkt, frustriert, trete quasi gegen Ungläubige nach. Gott wird hart, weil er den Nein-Sager *ernstnimmt*. Zum Vergleich heranziehen kann man die Reaktion einer Person, die jemandem ihr Herz öffnen will, geöffnet hat, aber erkennt, dass die andere sich verschließt („*zumacht*"), abwendet, den Kontakt abbricht. *Enttäuschte Zuneigung wandelt sich in abweisende Härte in zorniger Distanz.*

Darum verweigert auch *Abraham* dem uneinsichtigen Reichen den Wunsch, seine Brüder durch Lazarus warnen zu lassen: Nein, sie haben Mose und die Propheten! Es ist alles gesagt, sie wissen Bescheid! Man kränkt einen Menschen, umsomehr Gott, wenn man tut, als sei sein Wort nicht genug, unglaubwürdig. Entsprechend reagiert *Paulus* auf dem *Areopag*. Als er die Totenerweckung Jesu auch nur andeutet, erntet er Spott samt dem Rat, darüber ein anderes Mal zu reden. Kaum ist das für *Paulus* intimste Thema benannt, verschließen sie sich, Philosophen und sonstige Zuhörer, wogegen *Paulus* ja zur Sprache bringen will, *was ihn zuinnerst bewegt,* sein Leben von Grund auf verändert hat, das er mit ihnen teilen möchte. Es ist sein Gericht über sie, dass er sogleich „den Staub von seinen Füßen schüttelt" (Mt 10,14) und Athen verlässt.

Man soll, warnt Jesus, „das Heilige nicht den Hunden geben", „Perlen nicht vor die Schnauzen der Schweine werfen; sie könnten sie mit den Pfoten zertreten, sich umwenden und euch zerreißen" (Mt 7,6). Die Tier-Etikette bezeichnen gemeine Menschen, notorisch Unernste, die das Kostbarste des Evangeliums in den Schmutz ziehen, den Glauben lächerlich machen (wie die *Titanic-Bibel*).

Daher schließt die Vaterunser-Bitte sinngemäß ein: Befreie uns (auch) vom Bösen Deiner richtenden Strenge! Positiv: Öffne unser Herz für dein Wort, deinen Geist, dein Erbarmen!

Warum Vater „unser"?

Achten wir darauf, dass in der Wir-Form („uns") gesprochen wird. Das ganze Vater*unser* ist ein Wir-Gebet. Ich kann es nur beten in Wir-Form. Auch wenn ich es ´für mich` bete, sind die anderen Jünger, die Mit-Christen, Mit-Glaubenden stets dabei. Jesus lehrt „uns" beten, nicht mich allein. Denn Christen sind – wie Israel – von Anfang an Gemeinde, als Volk eine glaubende Schicksalsgemeinschaft. Der Individualismus der europäischen Neuzeit ist der Bibel fremd, ihr Menschenbild fußt auf dem *Wir*. „Ich" bete, glaube als Glied der Gemeinde, der Glaubensgemeinschaft (Kirche). Dasselbe gilt für das Glaubensbekenntnis. "Gemeinde" ist *göttlich berufene* Zeugen- und Schicksalsgemeinschaft. Christen "sind, was sie sind, indem Kirche ist und indem sie in der Kirche sind".[36]

Paulus warnt die Korinther Gemeinde, einem sündigen Mitglied, das bestraft wurde und bereut, *nicht* zu verzeihen. Die Gemeinde solle ihm mit Liebe begegnen, wörtlich: ihm gegenüber Liebe führend werden lassen ($κυρῶσαι$), ihm also wirklich und von Herzen verzeihen, „damit wir uns nicht überwältigen lassen vom Satan, wir kennen ja sein Sinnen sehr wohl" (2 Kor 2,5-11).

Das Trachten Satans geht, so der Apostel, auf das ich-süchtige Für-sich-selbst-leben-Wollen (2Kor 5,15). Verneinung von Zusammenhalt, von Solidarität ist die Anschauung der Verlorenen, Vergänglichen (1Kor 1,18; 2,6), eben derer, die Christus kreuzigten (2,8).

Der gekreuzigte Christus aber, den Gott zu unvergänglicher Weisheit erhob, erwecke uns zum Für- und Miteinander, bestärke Gemeinschaftssinn, mache Getaufte zu Gliedern *eines* Leibes (1Kor 13-14), befreie vom Bösen, das *wir* einander antun oder gemeinsam, Gott missachtend, anstellen.

Auch plant und tut jemand Böses, "Teuflisches" nicht in einsamem Entschluss, sondern in Kontakt, Gesinnungsgemeinschaft mit anderen: er oder sie wird versucht, verführt durch kollektive Kräfte. „Mächte und Gewalten" in Zeit und Geschichte sind von bestürzender Realität und Aufdringlichkeit. Denken wir etwa an die

---

[36] *K. Barth*, Kirchl. Dogmatik I/2, 230f

Formen des „Fundamentalismus", der wellenartig weltweit wirkt, sich mit politischen Motiven maskiert, auf Religionen einwirkt, Menschenleben fordert.

Spielarten des Fundamentalismus berufen sich auf einen imaginierten Gott, Christus, Profeten, die Bibel oder eine Gegen-Bibel, einen verballhornten oder Rumpf-Koran usw. Beweglich-anpassungsfähiger Fundamentalismus strömt in die geistige Luft ein, unangreifbar wie eine Großwetterlage, die als Hitze oder Dauerregen bedrückt, die Seele bedrängt, gängelt, paralysiert. Die normalen Einstellungen, Hoffnungen, Befürchtungen der Leute werden umgelenkt, der Großwetterlage angepasst.

Wie eine Hitze- oder Kältewelle, Dauerregen, hartnäckige Erkrankung die Lebensfreude beschädigen, ja ins Gegenteil wenden kann, so ähnlich können geistig-seelische Mächte und Gewalten das Dasein belasten und beschädigen. Unfreiwillige Zeitgenossen des NS-Regimes oder des Stalinismus wissen es nur zu gut. Auch das neomarxistische Jahrzehnt der 1968er Bewegung übte massiv verunsichernden Druck aus auf das geistig-seelische Befinden vieler: Gruppierungen und Institutionen sollten sich "gesellschaftlich legitimieren" (sind Christentum, Kirche in Wirklichkeit nicht bloß autoritär-imperialistische Ideologien? Kann nur radikaler Sozialismus die Welt retten?). Diese seelisch-geistige Großwetterlage brach erst mit dem Fall der Mauer zusammen.

Die im NT genannten "Mächte und Gewalten" drücken zuerst auf das Gemüt, besetzen, ja verhexen aber auch den Verstand.

Nicht zufällig wurde man in der Gegenwart wieder auf die stark reduzierte Freiheit der Einzelperson in einer Gesellschaft aufmerksam – was zB das von Medien und Netzwerken gelenkte politische Urteil oder das Konsum-Verhalten angeht.[37]

Erinnern wir nochmals an *Mahatma Gandhi*. Dieser gläubige, irenische Hindu kam bereits 1920 zu diesem Urteil:

---

[37] Es muss wohl – eine kulturwissenschaftliche Vermutung – über Raum- und Zeit-Grenzen hinweg, d.h. ohne unmittelbar physisch- individuellen Kontakt, sog. „morphische Felder" und "Resonanzen" für Haltungsänderungen, Aufkommen von Ängsten, Aggressionen, geistigen Neuorientierungen geben.

„Ich bin der festen Meinung, dass Europa heute nicht den Geist Gottes oder des Christentums repräsentiert, sondern den Geist Satans. Und Satans Erfolge sind dann am größten, wenn er mit dem Namen Gottes auf den Lippen auftritt. Europa ist heute nur dem Namen nach christlich. In Wirklichkeit betet es den Mammon an".[38]

Wie ein umgekehrtes Echo klingt die vor Jahren getroffene Feststellung von *Dr. Breuer*, damals Chef der Deutschen Bank, in *Die Zeit,* der Wertekanon der westlichen Industriegesellschaft sei die Struktur der globalen Finanzmärkte ...

Der jeweilige gesellschaftlich-mehrheitliche, zeitgeistige Druck auf die Individuen ist eine aktuelle Erfahrung biblischer „Mächte und Gewalten". Deren Realität und Gewicht ist täglich erfahrbar als Einschränkung individueller Freiheit, des Urteilsvermögens, des geistig-seelischen Gleichgewichts.

So ermessen wir in etwa Dimension und Reichweite der Vaterunser-Bitte: „Befreie uns vom Übel / vom Bösen", damit wir zu eigenem Urteil, zu persönlicher Glaubensverantwortung gelangen, ja damit wir überhaupt erst "ich selbst" und "wir selber" werden.

Im letzten Band seiner Memoiren erinnert *Hans Küng* an den verstorbenen „Kollegen und Freund" *Herbert Haag* und dessen „Abschied vom Teufel". *Küng* betont, seine eigene Ansicht zum Thema sei „differenziert": „Ich glaube wie *Herbert Haag* nicht an überall wirksame teuflische Geistwesen. Doch ich hätte gern gesehen, dass er den Kontrapunkt deutlicher gesetzt hätte: Wie eine Personalisierung, so verharmlost nämlich auch eine Privatisierung des Bösen im einzelnen Menschen das Böse. Dieses muss ja zugleich als über-individuelle, strukturelle Macht verstanden werden, wie es gerade im Grauen des Nationalsozialismus und Stalinismus zum Ausdruck gekommen ist. Schon im NT ist die Rede von ´Mächten und Gewalten`, in der modernen Soziologie von ´anonymen Mächten und Systemen`, welche die Bosheit verkörpern können.

---

[38] *Gandhi* aaO, 122

Das Böse ist jedenfalls wesentlich mehr als die Summe der Bosheiten der Individuen".[39]

Das *Böse als* anonymes *System* lässt u.a. auch Personen und Schicksale des Dichters *Franz Kafka* – etwa im Roman "Der Prozess" und in den Erzählungen – verstehen.

Ist also Satan oder Teufel ein "System" statt einer Person?

In der aufgebrachten Atmosphäre, die über der Entdeckung des entweder sexuellen oder spirituellen Missbrauchs von Unmündigen und Wehrlosen durch Amtsträger in der Kirche liegt, wird über Täter oder Täterinnen hinaus heute vorzugsweise auf kirchliche "Strukturen", auf die "Institution" und deren "Tradition" verwiesen, auf die "historisch toxische Gemengelage von kirchlicher Struktur und Sexualmoral".[40] Diese erscheinen heute vielen als *das Böse,* beziehungsweise dessen Quelle.

Heimerl nennt beispielhaft Priester, welche vor Unmündigen zuerst die strenge kirchliche Sexualmoral gepredigt, vor Frauen gewarnt, danach aber "in grausamer Perversion dieser Warnungen ihre Trieb-Zuflucht bei reinen und unschuldigen Kindern gesucht" hätten (a.a.O., 18).

Bei allem Verständnis für die Empörung über sexuellen Missbrauch durch Kleriker und geistliche ´Respektspersonen`: diese Erklärung ist zu eng geführt, sie blendet die zahlreichen Fälle von sexuellem, medizinischem und ideologischem Missbrauch durch Autoritäts-personen in Familien, Schulen, Internaten, Sportvereinen, Kasernen, am Arbeitsplatz und anderswo aus. Dort schält sich geradezu heraus, dass die eigentliche Gefahr - das sogenannte "Toxische" - weder Struktur, Tradition, noch Moral sein kann, als vielmehr die *Macht*, die *Machtposition*, welche Menschen über andere innehaben oder die

---

[39] *H. Küng*, Erlebte Menschlichkeit – Erinnerungen (München – Zürich 2013), 642

[40] So z.B. *Theresia Heimerl,* Der Teufel steckt in der Struktur: Herder-Korres-pondenz 2023/3, 16-18. *H.* ignoriert zudem die nicht seltene Mitverantwortung kirchlich exponierter Frauen an Missbräuchen. Auch scheint sie die Bedeutung *bildhaft-symbolischer* religiöser Unterweisung an Kinder zu unterschätzen. Selbstverständlich müssen bildhafte Vergleiche für Erwachsene so gut wie möglich in Sachverhalte übersetzt werden.

ihnen gewährt wird: sie verleitet allzu viele, sich selbst zu erhöhen durch Priorisierung ihrer selbst durch genussvolle Erniedrigung von Abhängigen. Das Selbstische, genießerisch Ego-Zentrierte auf Kosten anderer, ihrer Lebenskraft, Würde und Freiheit erscheint als Kern des Bösen - und ist weit verbreitet. Es trifft in etwa das, was *Pascal* als das "hassenswerte Ich" umreißt: dessen Rückfall in den "survival of the fittest" des puren Naturalismus. Auch der Philosoph *Immanuel Kant* sieht das wurzelhaft Böse in der Neigung des Menschen, dem wohlbewussten moralischen Sollen die Selbst-liebe vorzuziehen, dieses der Moral widersprechende Tun aber durch "eine gewisse Tücke des Herzens" vor sich zu verbergen.[41]

Jesus verflucht förmlich jene, die das Vertrauen der "Kleinen" in eine Falle laufen lassen (Mk 9,42 Par), weil sie statt selbstlosen Erbarmens deren Vertrauen durch tückische Selbstbefriedigung vernichten. Sehr wohl also können institutionelle, auch *kirchliche* Strukturen, genauer: Ämter, die den Inhabern einen überirdischen Rang zu verleihen scheinen, Missbrauch erleichtern, indem sie das hochgestellte Ich zur Ausnützung seiner Macht gegen Abhängige verleiten, wie es die dreimalige Versuchung Jesu deutlich macht. Die Absage an das *auch* zum selbstisch Bösen hin versucherische Kirchenamt bildeten schon früh alternative kirchliche und außerkirchliche Armutsbewegungen von "unten", die freilich erleben mussten, dass der "böse Trieb" – die Versuchung/Verführung zum Bösen – in jeder Umgebung aufbrechen kann.

So sitzt das Böse nicht in einer Struktur und deren geistlich-weltlicher Machtfülle, sondern – wie schon immer – im Selbstischen des menschlichen Herzens, wo es die gute, göttliche Alternative ausschlägt. Diese Einsicht hindert nicht, vielmehr ermuntert dazu, dem Rat Jesu zu folgen, Augen, andere Körperteile, Einrichtungen, die als verführerisch erlebt werden, "auszureißen" und abzuschaffen (vgl, Mk 9,42-50 Par).

---

[41] *Kant,* Die Religion innerhalb der Grenzen der bloßen Vernunft (1794), Philos. Religionslehre - Erstes Stück. Dazu *K. P. Fischer,* Nächstenliebe natürlich oder unnatürlich?, in: *ders.,* Schöpfung. Licht u. Dunkel einer Botschaft (Berlin-Münster 2020) 111 ff

MissbrauchstäterInnen beschädigen daher nicht bloß die "Kleinen", sondern die Kirche, das Gottesvolk insgesamt. Neben verbesserter Erziehung und Bildung der Verantwortungsträger bedarf es offenbar auch schärferer Kontrollen sowie einer Gerichtsinstanz, welche eine von der Hierarchie akzeptierte Unabhängigkeit für Ermittlung, Untersuchung, Verfahren und Urteil besitzt. Der zuständige Bischof oder Obere wäre dann die nächste Instanz, welche die Letztentscheidung fällen würde, jedoch in voller Kenntnis des vorausgegangenen und bekannt gemachten Gerichtsurteils.

Im Kontrast zu alldem und aus täglicher Erfahrung kann uns neu aufgehen, dass niemand allein, quasi als Einzelkämpfer, *im Glauben stehen* kann.

Auf die positive Dimension des „Unser" und „Wir" sei hier abschließend noch hingewiesen.

Der flämische Theologe *Edward Schillebeeckx* arbeitet im Blick auf Jesus die Kontrast-Erfahrung prägnant heraus:

die Kontrasterfahrung „*einerseits* der unerbittlichen menschlichen Leidensgeschichte von Unheil, Unfrieden und Ungerechtigkeit, kränkender und verletzender, unfrei machender Versklavung und, *anderseits*, die besondere religiöse Gotteserfahrung Jesu, sein ´Abba`- Erlebnis, sein Umgang mit Gott als dem nur Gutes wollenden, sorgenden ´Anti-Bösen`, der die Übermacht des Bösen nicht anerkennen will und sich weigert, diesem das letzte Wort zu geben". Jesus erfährt „Gott als eine Zukunft eröffnende Macht des nur Gutes wollenden ´Anti-Bösen`, als den Neinsager zu allem, was böse ist und Menschen Schmerzen bereitet – jüdisch bedeutet ´erschaffen` etwas Gutes machen, so dass man sehen kann, ´dass es gut, sehr gut ist` – und deshalb Heil will für die menschliche Leidensgeschichte. Seine Abba-Erfahrung ist eine Erfahrung Gottes als einer die Menschen befreienden und sie liebenden Macht".[42]

Entscheidend wurde, dass Jesus diese Grundeinsicht nicht etwa für sich behielt, auf sich anwendete und zur Grundlage seiner privaten Frömmigkeit machte. Vielmehr zog diese Grunderfahrung ihn förmlich zu den Menschen, um ihnen verkündend, erklärend (zB durch Gleichnisse) und heilend daran Anteil zu geben, so dass die Zeugen

---

[42] E. *Schillebeeckx*, Jesus – Die Geschichte von einem Lebenden (dt. Freiburg-Basel-Wien ³1975), 237

in verstehendem Echo überrascht-dankbar erkennen: Gott selber ist gut-tuend mitten unter sie getreten, „Er hat alles gut gemacht, die Tauben macht er hören und die Sprachlosen sprechen" (Mk 7,37).

Alt- wie neutestamentlich ist das „Wir" die eigentlich göttliche Dimenson, wie wir sie schon ursprünglich als Erfahrung von *EL* verstanden. *Gottes-Erfahrung* macht Israel *im Rettenden, Befreienden* aus Untergangs- und Todesnot, *in der Stiftung von Solidargemeinschaft*, wo Menschen, statt nur für sich zu sorgen oder im Augenblick tödlicher Gefahr auseinanderzufliehen, vielmehr standhalten, einander sich zuwenden, einander zugutekommen. Da entsteht unversehens Gemeinschaft neu als Raum innigen Zusammengehörens, gemeinschaftlicher Zuwendung, von Bei-sich-sein im Wir, im Bei-uns-sein, im Beieinandersein, Eins-sein.

Jedes Glied erfährt das geschenkte Einswerden miteinander als Unbedingtes, Heiliges, das sich unter dem Schirm des Väterlichen, Fürsorglichen, Behütenden zu erfahren gibt.

Darum reagiert der Apostel *Paulus* unnachsichtig, wenn ihn Nachrichten erreichen, einer Christen-Gemeinde drohe Spaltung, Parteiung durch Menschen, die, rückfällig der Ich-Sucht verfallen, den heiligen Geist der Gemeinde gefährden, die nur lebendig ist, wo Demut=Dien-Mut ihr Herz bildet.

"FÜHRE UNS NICHT IN VERSUCHUNG!"

Statt eines Resümees

"Und führe uns nicht in Versuchung" (gleichlautend bei Mt 6,14; Lk 11,4)!

Im griechischen Neuen Testament (Ausgangssprache) lautet die Bitte original: *μὴ εἰσενέγκῃς ἡμᾶς εἰς πειρασμόν* trage/führe uns nicht in Prüfung/Versuchung (*peirasmós*) hinein!

Die griechische Version des Vaterunser ist – wörtlich übereinstimmend mit dem Mt-Evangelium – enthalten in der sog. Didache (Zwölfapostellehre Nr. VIII,2) aus dem frühen 2. Jahrhundert.

Eine Rückübersetzung ins Hebräische lautet: *wᵉ ăl tᵉ biʾ enu ljdeʲ nissajon! Machʾ/Lassʾ uns nicht kommen unter die Macht (unter die Hand) einer Prüfung/Versuchung!*[1]

Gehalt und Sinn der Bitte erschließen sich großteils aus den Evangelien selbst. Zwei Kapitel zuvor erzählen die Evangelisten eine dreimalige *Versuchung Jesu* (Mt 4,1-10; Lk 4,1-13; Mk 1,12-13).

Ein erstes Verständnis öffnen zunächst sprachliche Beobachtungen.

Einleitend heißt es in den Evangelien, Jesus sei "geführt" (Mk: "getrieben") worden.

Das hier verwendete griechische Verb ist *ágein* (ἄγειν). Es wird im Alt- und Koiné-Griechischen parallel zu *phérein* (φέρειν) gebraucht, ist also sinngleich oder sinnähnlich.

Das Verb *phérein* = *tragen, führen* taucht im Vaterunser auf in sog. Aorist-Form (*μὴ εἰσενέγκῃς ἡμᾶς εἰς πειρασμόν*). Aorist steht für eine angefangene, nicht vollendete, also *akute* Handlung (hier etwa: bitte jetzt nicht!, nicht in nächster Zeit!, nicht vor dem nächsten Gebet!).

Was ist nun der <u>Sachverhalt</u> im Blick auf die drei Versuchungen?

---

[1] Vgl. *Delitzschʾs* Hebrew New Testament (London 1960)

Es heißt von Jesus, er wurde "*getragen, geführt vom ´Geist*" (griech. *pneuma*) bzw. vom Heiligen Geist (*pneuma hágion*), *um* in der Wüste vom Teufel (Mt, Lk *diábolos*; Mk *Satan*) versucht oder geprüft zu werden (das griech. Verb lautet *peirázein* = prüfen, erproben, versuchen).

Der Hinweis ist für das Verständnis der Vaterunser-Bitte wichtig:

Jesus wird in den Evangelien ausdrücklich vom Hl. Geist – also *von Gott* selbst – in die Wüste *zur Erprobung* (Versuchung) geführt. Zwar ist dort der Teufel oder Satan (Mk) sein Versucher oder Prüfer, aber *Gott* (der *Hl. Geist*) ist ausdrücklich Urheber, quasi Auftraggeber (Initiator und ´Kontrolleur`), sodass Teufel / Satan *als Werkzeug* GOTTES auftritt.

Diese Art Darstellung ist *der Bibel* auch sonst *nicht fremd.*

Man denke an das Buch *Hiob*, das von seinem Helden zunächst erklärt, er sei "gottesfürchtig und meide das Böse" (Hiob 1,1). Doch Satan bittet Gott um Erlaubnis, *Hiobs* Frömmigkeit zu prüfen (Hi 1-2), und Gott erklärt "Er ist in deiner Hand. Aber schone sein Leben!" (Hi 2,6). *Hiob*, bald von vielen Schicksalschlägen getroffen, die der Teufel auslöst oder nützt, *bewährt sich* als gottesfürchtiger Dulder, obwohl er alles verliert, was sein Leben ausmacht. So besteht er die Prüfung, da er beweist, dass er allen Schicksalsschlägen zum Trotz nicht aufhört, auf Gott zu vertrauen!

Hiob, eigentlich *Ijob*, erscheint als exemplarische Gestalt Israels, quasi *Personifizierung* Israels und seiner Leiden.

Die Erzählung hat ein Echo im Neuen Testament, wo Jesus zu *Simon* sagt, *Satan* habe sich erbeten, euch Jünger "wie Weizen zu sieben" (σινιάζειν, durchprüfen); er, Jesus, aber habe "gebetet, dass dein Glaube nicht erlischt". Bei *Lukas* sieht Jesus seine dreimalige Verleugnung durch den Jünger, aber auch dessen spätere "Bekehrung" voraus (Lk 22,31-34).

Es ist der Bibel vertraut, Gott zu bitten, er (der "Vater") möge die Jünger aller Zeiten nicht versuchen, d.h. prüfen, um ihren Glauben zu testen, denn ER hat quasi die *Gewohnheit, die Erwählten zu testen, um sie zu stärken (!).*

So verfuhr Gott ja in alter Zeit schon mit *Abraham.*

Ihm hatte Gott zahllose Nachkommen verheißen (Gen 13,15f). Danach aber prüfte oder versuchte er ihn, um seinen Glauben, sein Vertrauen zu Gott und zu dessen Verheißung zu testen (hbr. *nsh*) durch den Auftrag, ihm, Gott, den einzigen Sohn als Brandopfer darzubringen (Gen 22,1-18).

Abraham besteht die Glaubens-Probe ähnlich sicher wie *Hiob.* Das griechische AT (LXX = Septuaginta) setzt für den Glaubens-Test an Abraham eben jenes griechische Wort *peirázein* (πειράζειν) = versuchen/prüfen, das die Vaterunser-Bitte enthält. *Abraham*, durch Prüfung erprobt, gilt Juden, Christen, Muslimen als "Vater des Glaubens".

Bedeutsam alsdann der Appell des *Mose* an das aus Ägypten befreite Bundesvolk, es möge seinem Retter-Gott ungeteilte Treue und Glauben schenken: er warnt vor Verführern zu Glauben an andere Götter, "denn Gott der Herr prüft/´versucht` euch [hebr. *nisēh*; LXX *peirázei*], ob ihr Ihn aus ganzem Herzen liebt" (Ex = 2Mose 16,4; 20,20; Dtn = 5 Mose 13,4). Hier sei vorgreifend an eine Eigentümlichkeit des Vaterunser-Gebetes aufmerksam gemacht, die vielen Christen entgeht, da sie *vom Individualismus* und dessen Denken geprägt sind.

Das Vater-*Unser*-Gebet ist von vornherein gedacht als Gebet in Wir-Form, als Gemeinde-Gebet: so schon die Anrede Gottes "*Unser* Vater". Die folgenden Bitten beziehen sich nirgends auf "ich", "mich", "dich" oder auf einzelne Gläubige. Keine Bitte ist privat. Vielmehr spricht jede Vaterunser-Bitte von "uns"! Daher ist dieses Gebet seit jeher vorrangiges Gebet der *Gemeinde*, zumal in der Eucharistie. Das Vaterunser war in frühchristlicher Zeit auch das erste Gebet, das man Taufbewerbern feierlich überreichte.[2]

---

[2]   Didache 8,2./. *U. Luz,* Das Evangelium nach Matthäus (Mt 1-7), EKK I 1 (Zürich-Neukirchen-Vluyn [4] 1997) 337f

Viele Gläubige realisieren nicht oder vergessen, dass sie dank ihrer Taufe auf Jesu Tod (Röm 6,3) Angehörige des "Bundes" Gottes mit dem *Volk*, hier: Angehörige des *Volkes* im Neuen Bund sind. Der Bund Gottes mit Israel ist ja durch Jesus und die Hingabe seines Lebens neu fundiert und erweitert worden (vgl. Röm 11), wie lebendige Überlieferung begründet und festhält: "Dieser Becher ist der *Neue Bund* in meinem Blut" (Lk 22,20; Mt 26,28; Mk 14,24; 1Kor 11,25).

Israel verstand und versteht ja sein Verhältnis zu Gott (JHWH) als *Bund*, formal nach dem Schema altorientalischer Vassallen-Verträge konzipiert:

Ein "Herr"/Herrscher (Großkönig) schließt einen Bund oder Vertrag mit einem von ihm abhängigen Volk, dem er Gunst erwies und erweist, Schutz vor Feinden gewährt, vorausgesetzt, das Volk hält ihm die Treue dadurch, dass es sich nicht anderen Herren zukehrt, stattdessen eine Reihe ausdrücklich aufgeführter Bedingungen (Gesetze, Gebote) bejaht ("ratifiziert") und verlässlich einhält. Damit erweist und bestätigt es seine Treue (hbr. 'emet, gr. pístis).

So ist auch in Israel das Bundesformular zwischen Gott und Volk konzipiert: Selbstvorstellung "Ich bin der Herr (*Kyrios*, hbr. *JHWH*), "dein Gott, der dich herausgebracht hat aus Ägypten, dem Haus der Knechtschaft" und des Todes (Ex 20,1; Dtn 5,6). Es folgen vertragliche Grundsätze und Bestimmungen, durch deren Befolgung das Volk den Bundesherrn über sich anerkennt und dafür seinen Schutz genießt.[3] Treue und Einhaltung dieser Bedingungen durch den Vertragspartner über*prüft* der Bundesherr (hier: *Adonaj, Kyrios*) zu Zeiten, wie es auch für jeden säkularen Vertrag und Vertragspartner bis auf den heutigen Tag ein normaler Vorgang ist: eine Überprüfung, die man jederzeit gewärtigen muss. Bei negativem Ausgang drohen Sanktionen.

---

[3] *M. Buber,* Moses (Heidelberg [3]1966), bes. 130-139; *H. Cazelles,* Le Dieu de l'Alliance, in: La Bible et son Dieu (Paris 1999), 57-69. Zukünftige Aktualisierung des Bundes bedarf der "Gleichzeitigkeit" (*Kierkegaard / Biser*)

Der biblische Mensch, genauer: das Volk Gottes weiß nur zu gut, dass es jederzeit anfällig ist für Handlungen oder Unterlassungen, die den Bundesvertrag verletzen, ja ihn – im äußersten Fall – einseitig, offen oder stillschweigend, brechen. Vertragstreue ist für Menschen seit je ein Problem: eine konstitutionelle Schwäche. Das weiß die zwischenstaatliche Vertragsbildung (Bündnisse, Allianzen) ebenso wie die innerstaatliche Gesetzgebung (Grund-Gesetz, BGB, Strafgesetz).

Diese urmenschliche Schwäche hat die vorletzte Vaterunser-Bitte nüchtern im Blick. Sie blickt quasi zurück auf jene Prüfungen und Versuchungen, mit denen "der Herr" selber Glaube und Treue seiner Anhänger (bis zu Jesus) überprüft. Gott prüft/versucht (*nsh*/*peirázei*) das Bundes-Volk (wie Mose dem bebenden Volk erläutert), ob es ihn anerkennt und treu ist (Ex 20,20; Dtn 13,4).

In seiner Vaterunser-Erklärung betont denn auch der hl. Thomas von Aquin[4], 'versuchen' "besage nichts anderes als 'prüfen', 'erproben'", nennt mehrere Tests auf Glaubensstärke und Rechtschaffenheit in der Bibel.

Die erwähnten Versuchungen/Prüfungen im Alten Bund beziehen sich auf das *Volk* – auf Einzelne nur, wenn sie maßstäbliche Bedeutung für Glaube und Bundesvolk haben (*Abraham*, *Hiob*, *Jesus*).

Man hat das Zweideutige im Wort "versuchen" schon immer empfunden. Erliegen Menschen einer Versuchung (Verführung) zum Bösen, klagt ihr Gewissen sie an. Dann suchen sie gern einen anderen Urheber der bösen Tat, wollen selbst nicht schuld sein. Diese Regung der Selbstentlastung weist die Schuld am bösen Tun nicht dem eigenen schwachen Ich, sondern einem Du ("du bist/warst schuld!"), also einem Mitmenschen, dem Teufel oder sogar Gott zu. Dieser (trügerische) seelische Entlastungsmechanismus ist uralt, hilft aber nicht zur Überwindung des Bösen.

---

[4]   Katechismus des hl. Kirchenlehrers Thomas v. Aquin (Kirchen/Sieg 1971), 140ff

Das hebt der *Jakobusbrief* hervor, dessen Verfasser sich entrüstet, dass schwache Mitchristen ihre Schuld sogar Gott zuschieben wollen. Der Autor besteht darauf, dass Gott zwar prüft, aber nie zum Bösen versucht, als weide er sich an schwachen Menschen. Vielmehr sei es die eigene Gier oder Begierde, die einen Menschen zum Verbotenen, Bösen reizt, wie der "Frau" im Anfang geschieht, die bei den Worten der Schlange das Verlockende der Baumfrucht empfindet und der Verlockung zum Genuss nachgibt, also schwach wird (vgl. Gen 3,6). Darum betont der Verfasser des Jakobusbriefes, die Sünde stamme aus der den Menschen eigenen "Begierde" (*epithymía*); Gott komme als Anstifter nicht in Frage (Jak 1,13-15); hatten doch auch die Rabbinen gelehrt, es gebe im Menschen einen guten und einen bösen Trieb.

Auch Jesus insistiert vor den Jüngern, das Böse komme nicht von außen, gar von Gott, sondern von innen, aus den Herzen der Menschen (Mk 7,18-23/Mt 15,18ff).

Gott also versucht nicht zum Bösen, aber er "prüft" Menschen, die dem "Bund" angehör(t)en, ob sie vertragstreu und rechtschaffen ihre Aufgaben und Pflichten erfüllen: vgl. Mt 24,45-51/Lk 12,41-46 sowie Mt 25,14-30 / Lk 19, 11-27.

Ist dies das letzte Wort? Ist damit dic (vor)letzte Bitte des Vaterunser-Gebets vollends erklärt? Wir haben gesehen, dass der Gott der Bibel Menschen prüft, quasi versucht, *zumal solche*, deren Treue bekannt, erwiesen ist, oder solche, die für die Heilsgeschichte des Bundes exemplarischen Rang gewinnen.

Entsprechend registrieren wir, dass Jesus vor Beginn seines öffentlichen Wirkens von Gott selbst (mit dem Teufel als Werkzeug) durchgeprüft, ja durchgeschüttelt wird. Allerdings fehlt noch die *abschließende* Prüfung in *Getsemani*: ob er bereit sei, den verächtlichen, jedes errungene Ansehen, seinen Namen, das anhängliche Vertrauen der Jünger auslöschenden Tod am Schandpfahl, also den totalen "Image-Schaden" zu akzeptieren: vor der Welt zu weniger als ein Räuber (Mk 15,15 Par; Joh 18,40), mithin *zu Nichts* zu werden.

Lukas und die anderen Synoptiker erwähnen eigens Jesu *todernsten* Appell an die Jünger, sie sollten *beten, damit sie nicht in Versuchung/Prüfung* (*peirasmós*) gerieten (wörtl. hineingingen). Diese könnte sie drängen, menschliches Wollen Gottes Willen vorzuziehen (Lk 22,40.42; Mk 14,36.38; Mt 26,39.41), und zwar in einer Prüfung/Versuchung auf Leben und Tod, wofür *Getsemani* steht!

Hinzu kommt, dass Jesus an die Jünger, die in *Getsemani* ausharren, zwar ausdrücklich appelliert, sie möchten wachen und beten, *damit sie nicht in Versuchung gerieten,* diese aber, anders als ihr Rabbi, ihrer Trauer und Erschöpfung erliegen, dem Schlaf anheimfallen, zu müde, die Entscheidung der Stunde auszuhalten. Auch sie lassen Jesus allein, als es gilt, Gottes Wille *hic et nunc* zu erkennen, ja ihm zu trauen. So steht Jesus die Stunde der Prüfung/Versuchung allein durch *für die Jünger*: zu traurig und müde, den Entscheidungsernst der Stunde auszuhalten.

Jesus *besteht* ausdrücklich *die Versuchung/Neigung*, Gottes Heilswille zu verschlafen, für sich *und* die müden, schwachen Jünger: wie den Hohen Rat belastet auch sie Roms Macht stärker als Gottes Macht ("zu spät", "keine Chance").

Hier sollte uns erneut auffallen: die Vaterunser-Bitte sagt *nicht*, "unser Vater" möge in Versuchungen helfen, die Christen stärken, auf dass sie sie bestehen. Vielmehr sagt die Bitte, "*unser* Vater" möge *uns nicht* in Versuchung führen, sondern vom Bösen erlösen.

Zunächst "uns". Wer das Vaterunser spricht, sagt nicht "führe mich nicht in Versuchung", sondern "uns". Der Blick geht auf das Bundes-"Volk", auf Gemeinde, Kirche. Vorrangig ihm/ihr gilt die Bitte: Gott möge *sie – uns in ihr –* nicht in Versuchung führen, Böses zu tun, den Gottesbund zu brechen, Jesus zu verraten, Satans Angebote zu wählen. Die Sorge gilt zumal den leitenden Personen, Repräsentanten des gläubigen, aber insgesamt schwachen, gefährdeten Volkes. Von ihren Entscheiden hängt das gläubige *Volk* ab, ihnen vertraut oder, womöglich, misstraut es. Mit Bedacht zeugt die

Bibel von Versuchungen, Prüfungen, die Personen, die Gott zu *Führern* erwählt, zu bestehen haben: Ihr Bestehen oder Fehlen trifft das Bundesvolk als ganzes, das reifen soll zu Gottes Zeuge vor den Völkern (Dtn 8,2.16).

Besonderen Rang haben Jesu Versuchungen, die sich fortsetzen bis in den Getsemani-Garten.

Hier scheint, in der Bibel nicht selten, eine Feinheit hintergründiger Art auf Entdeckung zu warten.

Denn Jesu Leben, Wirken und Leiden bis zum Tod am Kreuz in den Evangelien lässt sich wie eine einzige, durchgehende Prüfung, Versuchung des Einen, des Auserwählten verstehen. Die offiziellen Repräsentanten des Bundesvolks genügen damals weder den Anforderungen des Bundes (wie die Evangelien zeigen wollen), noch begreifen sie, dass der Bundesherr, Gott selbst, in Jesus die *begnadende* Erfüllung des Bundes bis ins Letzte sein will: dass ER in Jesus selbst den Bund mit seinen Anforderungen erfüllen *und* das "im Dunkel wohnende" Volk begnadigen und heilen will.

Welchen Sinn hat also die letzte Vaterunser-Bitte? Das ganze Gebet *erfleht als Geschenk* die von Jesus bis zum Tod geleistete, von Gott (in Jesu Auferstehung) angenommene *Erfüllung des Bundes*. In den letzten zwei Bitten bittet das Bundesvolk den "Vater", er möge die von Jesus bestandene Versuchung/Prüfung *eph`hapax* anerkennen bzw. die von Jesus abschließend-stellvertretend geleistete Bundestreue annehmen und das vor der Verwerfung gerettete Volk von Prüfungen, Versuchungen *verschonen*, stattdessen ("sondern") die von Christus geschenkte Versöhnung, Bundeserfüllung, Gnade ("Erlösung vom Bösen") dem betenden Volk (!) *geschenkweise* zukommen lassen.[5] So zielt die Bitte, quasi als "indirekte Mitteilung", auf die von Christus empfangene *Rechtfertigung von Volk und Gemeinde durch Glauben,* wie *Paulus* darlegt (Röm 4,23ff; 5,1-11 u.ö.).

---

[5] Schon lange wurde der Geschenk- (statt Verdienst-) Charakter des Gottesbundes bereits im AT erkannt, der im NT Vertiefung u. Radikalisierung erfuhr: zB *D.J. McCarthy*, Der Gottesbund im AT (dt. Stuttgart 1966), 80-83

Indirekt betet die Gemeinde um das Kommen Christi und das Gleichzeitig-werden mit dem Heil.

Der Sinn der Bitte wird von der urchristlichen Doxologie ("Denn dein ist das Reich ...") bestätigt, wie auch von den *an Jesu Gebetslehre angelehnten* Belehrungen der Bergpredigt: Glaubensgeschwister nicht richten (Mt 7,1ff), bitten/beten in reinem Vertrauen (7,7ff), Gotteszeugen prüfen, falsche entlarven (7,15-23).[6] Jesu Einladung "Kommt zu mir, Beladene!" (Mt 11,28ff) ist Erfüllung.

Das oder der "Böse" (griech. *ponærón, ponærós*), von dem zu erlösen die Schlussbitte ersucht, meint (im Blick auch auf *Getsemani*) das Lastend-Beschwerliche, Mühsame, Müdmachende, das Menschen Kraft und Wachheit zum Guten raubt: Kraft zu teilen (Leben, Schicksal), Kraft zu erkennen, zu widerstehen, wo Liebloses sich breitmacht. Das griechische Wort in Klammer meint wörtlich all das, was Last (gr. *pónos*) ist, was Lebensfreude, Lebensmut bedrückt, Resignation souffliert, endlich den Lebens- und Liebe-Willen aushöhlt. Dies ist seit je Last und Schicksal des "Volkes": der Kleinen, Unwichtigen, Namenlosen und Wehrlosen – aber auch der Apostel und Nachfolger. Ihnen steht Erbarmen, Trösten, Aufrichten zu, wie Jesus in den Evangelien auf Schritt und Tritt demonstriert, was ihm aber Verfolgung und physische Vernichtung einbringt: den Stoß und Sturz in jenes ´schwarze Loch`, aus dem, wie die Peiniger denken, er nie mehr "herauskommt".

Es geht der letzten Doppelbitte des Vaterunser-Gebets "führe uns nicht ... sondern erlöse ..." sinngemäß um die alles zusammenfassende Bitte des Volkes, Gott möge das in Jesus Christus erwirkte, geschenkte Heil der Gemeinde zuwenden, jenes Heil, das Jesus im Abschiedsmahl realsymbolisch vorwegnehmend erwirkt (da er alle Prüfungen/Versuchungen bis zur Hingabe seiner selbst bestand) und den müden Jüngern/Christen als Lebensvermächtnis hinterließ.

---

[6] *Pinchas Lapide*, jüd, Bibelgelehrter, sah in der noch heute beliebten Deutung "führe uns *in der* Versuchung!" bloßes "Ausweichen etlicher Übersetzer": *P. Lapide*, Ist die Bibel richtig übersetzt? (Gütersloh [4] 1992), 124.

Hintergrundtexte

Ich forschte, woher *malum* (Übel, Böses) komme, doch es gab keinen Ausweg ... Ich forschte glühend, woher *malum* komme. Was waren das für Qualen meines gebärenden Herzens, mein Gott! ... Du wusstest, was ich litt, aber kein Mensch ... Doch ich strebte nach dem, was durch Räume begrenzt wird, aber dort fand ich keinen Ort der Ruhe ... Aber da ich mich hochmütig gegen dich erhob ..., erlangten diese niedrigsten Dinge Gewalt über mich und bedrängten mich, und nirgends wurde ich entlastet und konnte Atem holen.

Augustinus, Bekenntnisse VII,11

Herr, strafe mich nicht in deinem Zorn
und züchtige mich nicht in deinem Grimm!
Sei mir gnädig, Herr, ich sieche dahin,
heile mich, Herr, denn meine Glieder zerfallen!
Herr, wende dich mir zu und errette (!) mich ...
Denn bei den Toten denkt niemand mehr an dich.
Wer wird dich in der Unterwelt noch preisen? (Ps 6,2-3.5-6)

Erlöse uns, Herr, wir bitten Dich, von allem Bösen (*ab omnibus malis* = von allen Übeln) und gib gnädig Frieden in unseren Tagen. Komm uns zu Hilfe mit Deinem Erbarmen, damit wir von Sünde allzeit frei und vor jeder Verstörung (*perturbatio*) gesichert seien: wir schauen aus (*expectantes*) auf die selige Hoffnung und das Kommen unseres Erlösers Jesus Christus. *Gebet des Priesters im Anschluss an das von allen gesprochene Herrengebet* (Denn Dein ist das Reich ...)

Gedenke, Herr, Deiner Kirche, sie zu erretten von allem Übel/Bösen (*ponärón*) und sie zu vollenden durch Deine Liebe, und führe sie zusammen von den vier Winden, sie, die geheiligte, in Deine Königsschaft, welche Du für sie bereitet hast; denn Dein ist die Kraft und die Herrlichkeit für alle Zeiten (*aiōnes*). *Didache (Zwölf-Apostel-Lehre) 10,5*

malum (subst.) = Fehler; Gebrechen; Übel; Leid; Unheil; Böses
malus, -a, -um = schlecht; hässlich; untüchtig; schädlich, verderblich; unwohl; krank; unglücklich; böse
Lat.-Dt. Schulwörterbuch „Stowasser"

Da wurde Jesus vom Geist (pneuma) in die Wüste hinaufgeführt, um vom Teufel versucht zu werden (peirasthēnai)

Matthäusevangelium 4,1; vgl. Mk 1,12f; Lk 4,1f

Der Zorn des Herrn entbrannte abermals gegen Israel, und er reizte David gegen das Volk und sprach: Geh hin, zähle Israel und Juda! Sam 24,1 LÜ

2

Und der Satan stellte sich gegen Israel und reizte David, dass er Israel zählen ließe 1 Chron 21,1 LÜ

Prüfe (bchn) mich, Herr, und erprobe (nssh) mich! Läutere meine Nieren und mein Herz! Ps 26,2

Uns ist beschieden kein Ringen (Kampf) mit Blut und Fleisch, sondern mit den Urgewalten, mit den Mächten, mit den Weltherrschern dieser Finsternis, mit den Geistern der Schlechtigkeit (Bosheit) Eph 6,12

Darum singen wir mit den Engeln und Erzengeln, den *Thronen und Mächten* … den Hochgesang von Deiner göttlichen Herrlichkeit: Heilig, heilig, heilig Gott, Herr aller *Mächte und Gewalten.* Erfüllt sind ...

Präfation + Sanctus

Jetzt ist er da, der rettende Sieg, die Macht und die Herrschaft unseres Gottes und die Vollmacht seines Gesalbten; denn gestürzt wurde der Ankläger unserer Brüder, der sie bei Tag und bei Nacht vor unserem Gott verklagte Joh-Apk 12,10 EÜ

Meint nicht, ich würde euch beim Vater anklagen! Joh 5,45 (Jesus zu jüdischen Gegnern) Joh 5,45

Ich schaute Satan wie einen Blitz vom Himmel fallen!
Lk 10,18 (Jesus zu jüdischen Gelehrten)

(Hinab)geworfen wurde der große Drache, die uralte Schlange mit Namen Teufel und Satan, der die ganze zivilisierte Welt irreführt, er wurde auf die Erde geworfen und seine Engel mit ihm. Joh-Apk 12,9

- Widersagt ihr dem Bösen, um in der Freiheit der Kinder Gottes leben zu können?
- Ich widersage
- Widersagt ihr den Verlockungen des Bösen, damit es nicht Macht über euch gewinnt?
- Ich widersage.
- Widersagt ihr dem Satan, dem Urheber des Bösen?
- Ich widersage.
- Glaubt ihr an Gott, den Vater, den Allmächtigen …
- Ich glaube (etc.)

Erneuerung des Taufversprechens in der Osternacht

Ich weiß, dass in mir, d.h. in meinem Fleisch, nichts Gutes wohnt. Zwar habe ich Wollen, aber das Gute vollbringen kann ich nicht (Röm 7,18)

Nicht gut ist der Adam für sich allein, Gen 2,18

Nicht vom Brot für sich allein soll leben der Adam, sondern von allem, was ausgeht vom Munde des Herrn Dtn 8,3

Barmherzigkeit (chesēd / éleos) will ich, nicht Schlachtopfer (zebach / thysía) Hos 6,6; Mt 9,13; 12,7

Dann, wenn man zu euch sagt: Schau, da ist Christus – nein, dort! Schenkt keinen Glauben! Denn es werden Pseudo-Christusse und Pseudo-Propheten erstehen und werden Macht-Zeichen und Wunder demonstrieren, um die Erwählten womöglich irrezuführen! MK 11,21f Par

In der Erörterung wurde gesagt: Für Kolakowski ist die Teufel genannte Realität unentbehrlich für wahre, ihrer Grenzen bewusste Humanität. K`s Anliegen ist ernsthaft und verdient weitere Überlegungen. Er verweist auf das Böse etwa in einem unstillbaren Hass, in reiner Zerstörungswut und -lust bei Menschen, die abscheuliche, zum Himmel schreiende Untaten begehen. Die säkulare Justiz ist heute gewohnt, den oder die Böstäter-in (zB Serienmörder) als seelisch krank, letztlich nicht (voll) verantwortlich für sein/ihr Tun anzusehen, deren psychisch-geistige Verfassung und Untat(en) primär von dort zu beurteilen. Diese Einstellung beweist Geduld, Beherrschung und eine unthematische Barmherzigkeit, die Übeltäter(innen) nicht aufgibt und ihre

Taten auf Einflüsse zurückführt, die wohl stärker waren als sie selbst.

Man kann aber fragen - und dies ist wohl Kolakowskis Anliegen -, ob diese Sicht das Abgründige, zuinnerst Böse, das manche Menschen ergriffen hat, noch zur Kenntnis nimmt, ja unter konkreten Bedingungen für möglich hält. Es gibt verurteilte Schwerverbrecher(-innen), die Zuwendung, Zuspruch fanden, in ihren eigenen Abgrund schauten, die Resozialisierung abbrechend aus dem Leben schieden, sich also nachträglich selbst zum Tod verurteilten.

Zum Autor

Klaus P. Fischer, geb. 1941 in Stuttgart, studierte Klassische Philologie, Philosophie und Theologie in Tübingen, Innsbruck, Paris und Frankfurt/M. Theologische Promotion und Habilitation am Institut Catholique de Paris bei Henri Bouillard SJ über die Anthropologie Karl Rahners ("Der Mensch als Geheimnis"). Mitglied des Oratoriums des hl. Philipp Neri in Heidelberg.

Langjährige Tätigkeit in Pastoral, Religionspädagogik, Klinik-Seelsorge, Erwachsenenbildung, Kirchl. Rundfunkarbeit u.a.m. Diverse Veröffentlichungen zu Themen des Glaubens und christlicher Welt-Anschauung, wie *Gott und Teufel, Gott und Schicksal, Schöpfung – Naturwissenschaft, Tod und Auferstehung, Eucharistie und Abendmahl, Mensch – Gott – Kirche, u.a.m.* Lehrbeauftragter für Katholische Theologie an der Evangelisch-Theologischen Fakultät der Universität Heidelberg.

Hier finden Sie weitere Bücher von Klaus P. Fischer: